Unidades 5 a 8

ESO 1
XEOGRAFÍA E HISTORIA

M. Burgos, M. C. Muñoz-Delgado

Inclusión
Incluímos a todo o alumnado nas nosas aulas.

Rigor
Aprendemos e traballamos con rigor e creatividade.

Interdisciplinariedade
Relacionamos e aplicamos o que aprendemos.

Familia
A gran colaboradora na aprendizaxe.

Pensamento crítico
Fomentamos a diversidade de pensamento.

Aprendizaxe cooperativa
Cooperamos para afrontar tarefas.

As TIC
Usamos as novas tecnoloxías para conectarnos co noso mundo.

Competencias
Afrontamos desafíos nos que poñemos en práctica as nosas competencias.

Emprendemento
Emprendemos para cambiar o noso contorno.

Avaliación
Ofrecemos a máis completa, ambiciosa e innovadora gama de ferramentas para a avaliación.

ANAYA

APRENDER É CRECER EN CONEXIÓN é un proxecto educativo de Anaya Educación para o primeiro curso da ESO.

Na realización deste libro interviñeron:

- **Autores:** Manuel Burgos Alonso e M.ª Concepción Muñoz-Delgado y Mérida.
- **Edición:** José Luis Chamero, Carmen Fernández Picatoste, Helena Pena Sanjurjo e Salvador Vara.
- **Revisión lingüística:** Ana Fachal.
- **Deseño:** Dirección de arte: Javier Serrano. Cuberta: Patricia Gómez Serrano. Interiores: Marta Gómez Peso e Paco Martín. Desenvolvemento gráfico de cuberta: Juan Carlos Quignon.
- **Deseño conceptual de entrada de unidades:** Manuel Burgos Alonso.
- **Ilustracións:** Gracia Artigas, Arturo Asensio, Rosalía Martínez e Carlos Moreno.
- **Ilustracións do dicionario visual de termos artísticos:** extraidos do *Diccionario visual de términos arquitectónicos,* de M.ª Vermello, José M.ª Martínez Murillo, Adoración Morais e Lorenzo de la Plaza. Madrid, Cátedra, 2004.
- **Maquetación:** DiScript, S. L.
- **Cartografía:** Rosario Regaño e José M.ª Gil.
- **Gráficos:** Miguel Díaz-Rullo, Rafael Sombría e Miguel Ángel Castillejos.
- **Edición gráfica:** Elena Achón.
- **Fotografías:** Age Fotostock, Agencia EFE, Aisa, Album, Arquivo Anaya (Ashok, B.; Balaguer, T.; Boe, O.; Candel, C.; Canto, M.; Cosano, P; Cruz, M.; Escofet, J.M.; García Pelayo, Á.; Hernández Moya, B.; Quintas, D.; Leiva, A.; Lezama, D.; Martin, J.A.; Martin, J.; Moreno, C.; Muñoz, J.C.; Ortega, Á; Padura, S.; Peña Tejera, G.; Peñuela Py, E.; Pozo M.; Ramón Ortega, P. - Fototeca de España ; Rivera Jove, V.; Ruiz, J.B.; Ruiz Pastor, L.; Sanguinetti, J.A.-Fototeca de España; Steel, M.; Sánchez, J.; Olimpia, T.; Valls, R.; Vázquez, Á; Villaboy, N.; Vizuete, E.; 6 x 6 Producción Fotográfica), Deputación de Lugo, Getty images, Granger collection/Cordon Press, Latinstock, NASA, Prisma, Scala group, Thinkstock Stockphotos123RF.

As normas ortográficas seguidas son as establecidas pola Real Academia Galega e o Instituto da Lingua Galega na última edición das *Normas ortográficas e morfolóxicas do idioma galego,* aprobadas en 2003.

As nosas publicacións manteñen o rigor no uso e na selección dos contidos, nas imaxes e na linguaxe, para cumprir coa **non-discriminación** por razón de xénero, cultura ou opinión.

IMPORTANTE. As actividades propostas neste libro deben ser realizadas en cadernos ou follas soltas; **nunca no propio libro.**

ISBN: 978-84-678-5183-0 - Depósito Legal: M-10896-2015 - Printed in Spain.

ET019681/1E3I - 8421366

ÍNDICE

CONTIDOS

Desenvolvemento

7 A Prehistoria

8 Mesopotamia

9 Exipto

10 Grecia

11 Roma

12 España e Galicia na Antigüidade

Informe gráfico	Técnicas	Comproba as túas competencias
	Medir o tempo histórico, **126** • **Emprendemento:** Planificar unha visita ao museo arqueolóxico máis próximo e confeccionar un póster cronolóxico dunha das civilizacións expostas, **127**	• Os chimpancés non xogan ao béisbol, **129** - Competencias sociais e cívicas - Competencia matemática e competencias básicas en ciencias e tecnoloxía - Competencia dixital - Comunicación lingüística - Aprender a aprender
• A cidade de Babilonia, **140**	Representar o tempo histórico, **144** • **Emprendemento:** Buscar información sobre as datas esenciais da historia do municipio onde se reside e situalas nun eixe cronolóxico, **145**	• Localizan en Iraq unha porta monumental semellante á de Ishtar, **147** - Comunicación lingüística - Competencia matemática e competencias básicas en ciencias e tecnoloxía - Aprender a aprender - Competencia dixital
• A vida despois da morte, **160**	Comentar unha obra de arte, **164** • **Emprendemento:** Descargar unha app ou guía multimedia dun museo e comprobar o modelo de comentario de obras de arte, **165**	• A inundación do Nilo e o calendario exipcio, **167** - Competencias sociais e cívicas - Aprender a aprender - Conciencia e expresións culturais
• Atenas no século v a. C., **180**	Elaborar e comentar mapas históricos, **188** • **Emprendemento:** Visitar unha web sobre mapas históricos interactivos e valorala indicando os aspectos e mellorables e como facelo, **189**	• O nacemento da democracia, **191** - Comunicación lingüística - Competencia dixital - Competencias sociais e cívicas - Aprender a aprender
• Roma, capital do mundo, **204**	Comentar fontes históricas, **214** • **Emprendemento:** Solicitar información oral sobre as vivendas históricas e anotar as máis interesantes, **215**	• A actividade comercial en Roma, **217** - Competencia dixital - Competencia matemática e competencias básicas en ciencias e tecnoloxía - Comunicación lingüística - Competencias sociais e cívicas
	Elaborar un póster, **234** • **Emprendemento:** Elaborar un póster sobre os celtas, **235**	• O ouro das Medulas, **237** - Competencias sociais e cívicas - Aprender a aprender - Conciencia e expresións culturais

5

O medio físico de Europa

Inicia unha nova aprendizaxe

Nesta unidade estudaremos o medio físico do continente europeo, centrándoo nas formas de relevo, na hidrografía, nos bioclimas e nas paisaxes naturais.

Ao finalizar o seu estudo, serás capaz de recoñecer o medio físico europeo e as súas características xerais; de situar nun mapa de Europa as principais unidades do relevo continental, e de coñecer, comparar e describir os grandes conxuntos bioclimáticos que conforman o espazo xeográfico europeo.

Xoga co espazo

Os bioclimas máis estendidos e representativos de Europa son o mediterráneo, o oceánico e o continental.

1 Recorda o que sabes, e coa axuda do teu compañeiro ou compañeira asigna no teu caderno estas frases, e as imaxes, a cada un dos bioclimas europeos.

1. Esténdese por Europa entre os 30-45° desde Portugal ao Mar Negro.
2. Bosque de coníferas.
3. Esténdese por Europa occidental.
4. Esténdese por Europa central e oriental.
5. Bosque perennifolio.
6. Bosque caducifolio.

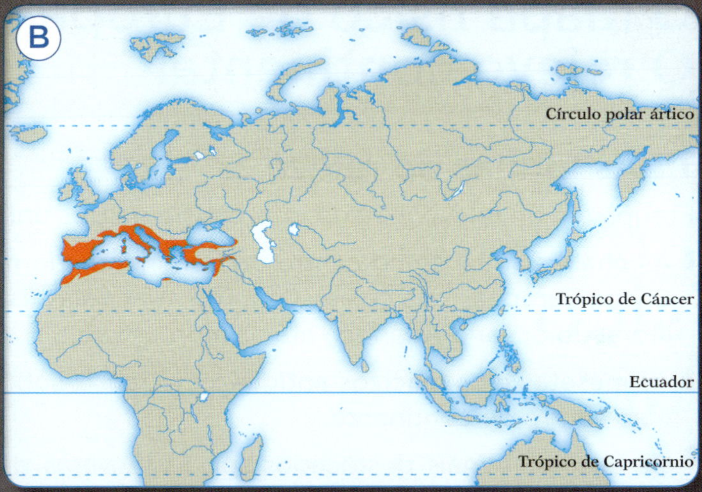

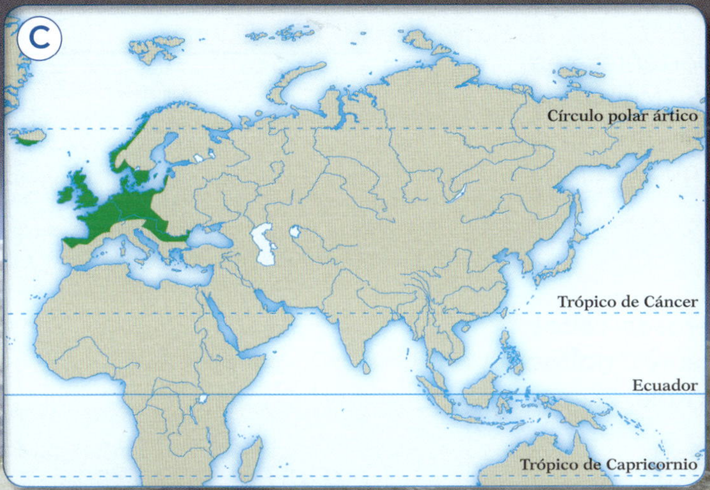

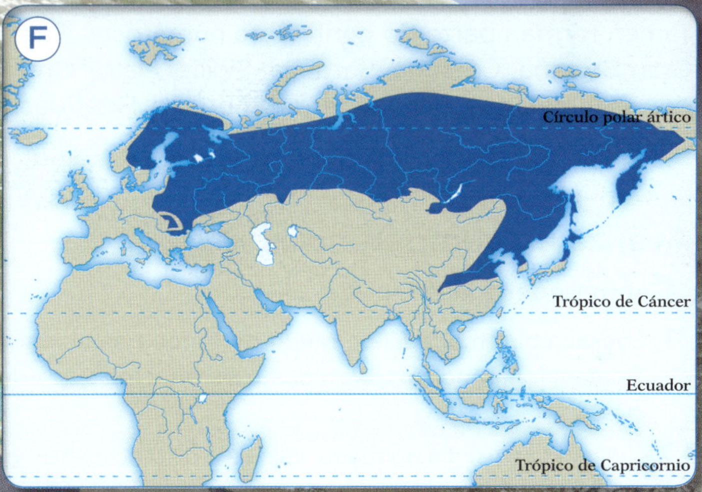

Mediterráneo		Oceánico		Continental	
Número de frase	Letra da imaxe	Número de frase	Letra da imaxe	Número de frase	Letra da imaxe

1 O mapa físico de Europa (I). O relevo continental

1.1 As formas do relevo

Europa ten un relevo variado, que consta de tres **unidades básicas:**

- As **chairas** sitúanse no centro do continente, dominado pola Gran Chaira Europea. Esta chaira, de forma triangular, esténdese desde o litoral do océano Atlántico ata os montes Urais.
- As **mesetas** e os **macizos antigos** localízanse, sobre todo, no norte e no centro do continente.

  Os exemplos máis destacados son as mesetas de Finlandia e de Suecia; e os macizos dos Montes Escandinavos, os Vosgos, o Macizo Central francés, o Jura e os Urais.
- As **cordilleiras novas** predominan no sur. As máis importantes son os Pireneos (pico Aneto, 3 404 m), o sistema Bético (Mulhacén, 3 481 m), os Alpes (Mont Blanc, 4 810 m), os Apeninos, os Alpes Dináricos, os Cárpatos e o Cáucaso (Elbrus, 5 642 m, que é o pico máis alto de Europa.

1.2 As costas

As costas europeas son moi recortadas e teñen numerosos **cabos** (Norte, Land's End, San Mateo, Fisterra, Roca, San Vicente), **golfos** (Finlandia, Botnia, Bizkaia, León, Xénova) e **penínsulas** (Kola, Escandinava, Jutlandia, ibérica, itálica e balcánica).

1.3 As illas

Tamén forman parte do continente numerosas **illas** (Islandia, Irlanda, Gran Bretaña, Córsega, Sardeña, Sicilia, Malta, Creta e Chipre) e varios **arquipélagos,** como Faeroe, Shetland, Hébridas, Azores, Madeira, Baleares, Canarias e Cíclades.

Avanza en competencias

Comprender o espazo

1 Localiza nun mapa físico mudo de Europa as unidades do relevo que se mencionan no texto, así como os principais accidentes costeiros e illas.

2 Utilizando a escala do mapa, calcula a distancia entre os picos Mulhacén e Elbrus.

3 Consulta o mapa político de Europa e di en que países se encontran o Alpes, os Pireneos e os Urais.

Localizar en mapas

4 Descubre en que paises se localizan as formas de relevo das imaxes.

Traballar con mapas

5 Como se representan no mapa as distintas altitudes do terreo?

Mapa físico de Europa

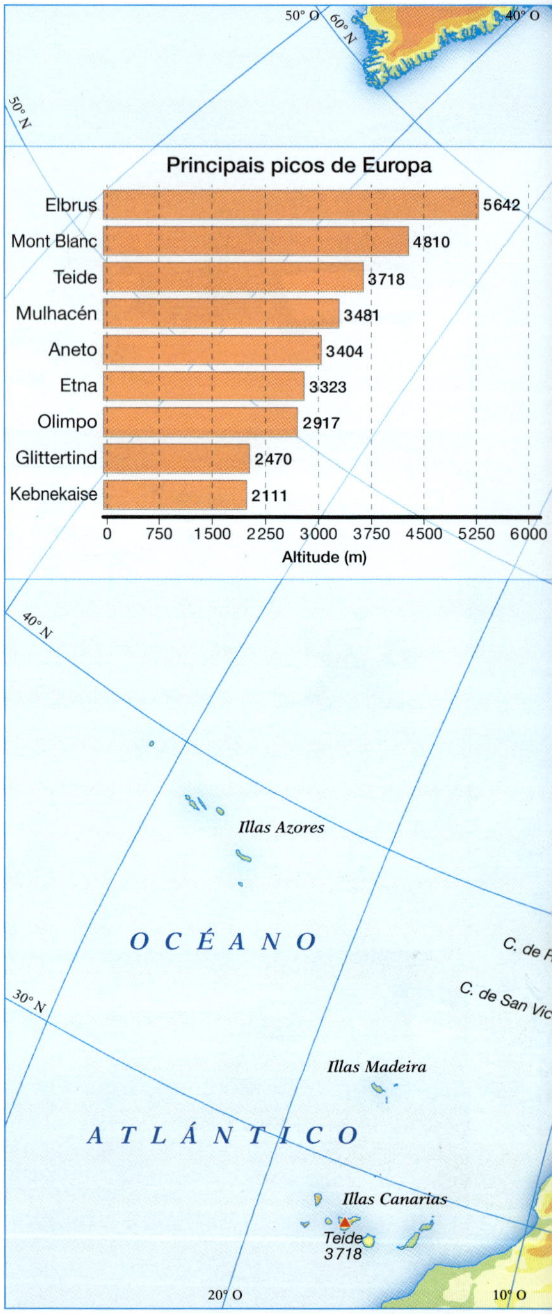

Cabo de Roca.

Pico Mont Blanc (Os Alpes).

Illa de Santorini (illas Cícladas).

Praia de Sopelana (golfo de Bizkaia).

2 O mapa físico de Europa (II). As augas. Mares, lagos e ríos

2.1 Os mares e os lagos de Europa

Os **mares** que bañan as costas europeas son: Barents, Báltico, Norte, Cantábrico, Mediterráneo, Tirreno, Adriático, Xónico, Exeo e Negro.

Os **lagos** son moi abundantes en Suecia e en Finlandia, aínda que os máis extensos se encontran en Rusia: o Onega, o Ladoga e o Peipus. Tamén son moi importantes os lagos centroeuropeos, como o Leman e o Constanza. O maior lago salgado do mundo, o mar Caspio, comparte as súas augas con Europa e Asia.

2.2 Os ríos de Europa

Os ríos europeos son moi numerosos e desembocan nos océanos Glacial Ártico e Atlántico e nos mares Mediterráneo, Negro e Caspio.

- Os ríos que desembocan no **océano Glacial Ártico** son longos, moi caudalosos e irregulares. Algúns permanecen xeados durante o inverno e provocan inundacións en primavera co desxeo. Os máis importantes son o Pechora, o Onega e o Dvina Setentrional.
- Os ríos que desembocan no **océano Atlántico** son longos, caudalosos e regulares, o que permite a navegación e a produción hidroeléctrica. Destacan o Loira, o Sena, o Rhein (Rin), o Elba, o Oder e o Vístula.
- Os ríos que desembocan no **mar Mediterráneo** son curtos, pouco caudalosos e irregulares. Os máis importantes son o Ródano, o Po e o Ebro.
- Os ríos que desembocan no **mar Negro** e no **mar Caspio** son longos, caudalosos e bastante regulares. No mar Negro desaugan os ríos Danubio, Dnestr, Dnepr e Don. No mar Caspio, o río Volga, que é o máis longo de Europa (3 501 km), e o Ural, que serve de fronteira natural con Asia. Todos eles son navegables.

As augas de Europa

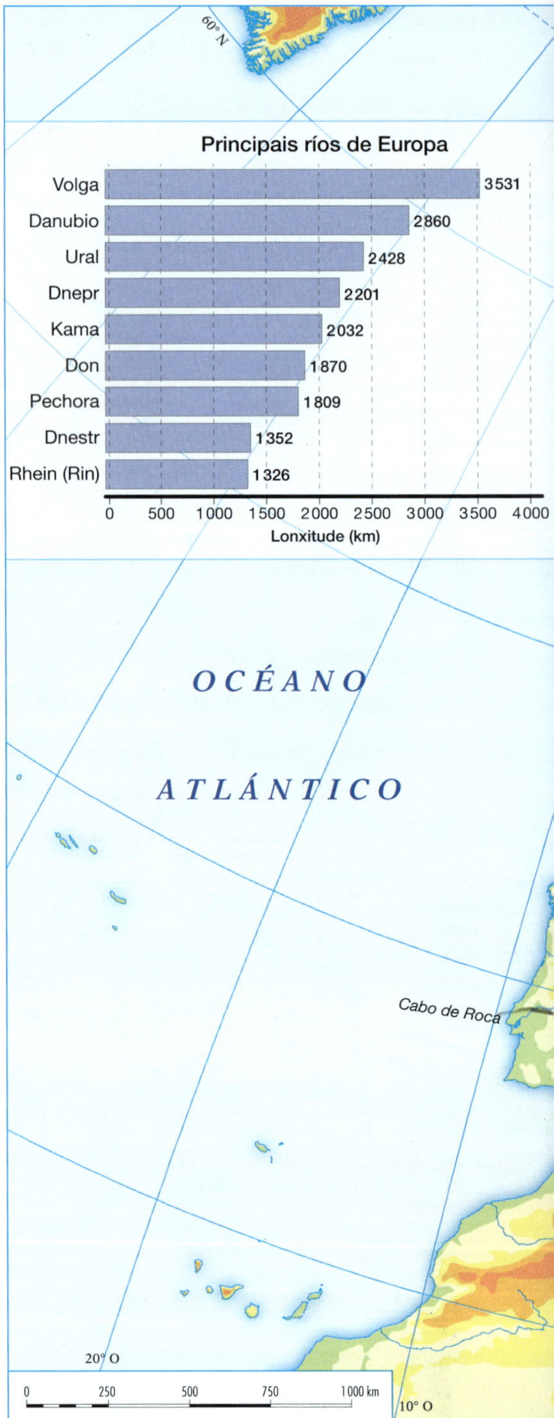

Lago Leman.

Avanza en competencias

Localizar en mapas

1 Localiza nun mapa mudo físico de Europa os mares, os lagos e os ríos que se citan no texto.

2 Descubre en que países se localizan o lago e os ríos das imaxes.

3 Traza unha liña entre o cabo de Roca (Portugal) e a desembocadura do río Volga. Cita, por orde, os nomes dos ríos, lagos e mares que atravesa.

4 Elabora unha sopa de letras cos nomes de seis ríos europeos.

Utilizar elementos mátemáticos

5 Utiliza a escala numérica e calcula a distancia da liña da tarefa 3.

Promover o emprendemento

6 Pensa que aspectos sobre os ríos europeos poderías recoller nunha app para móbil, ipad ou tableta.

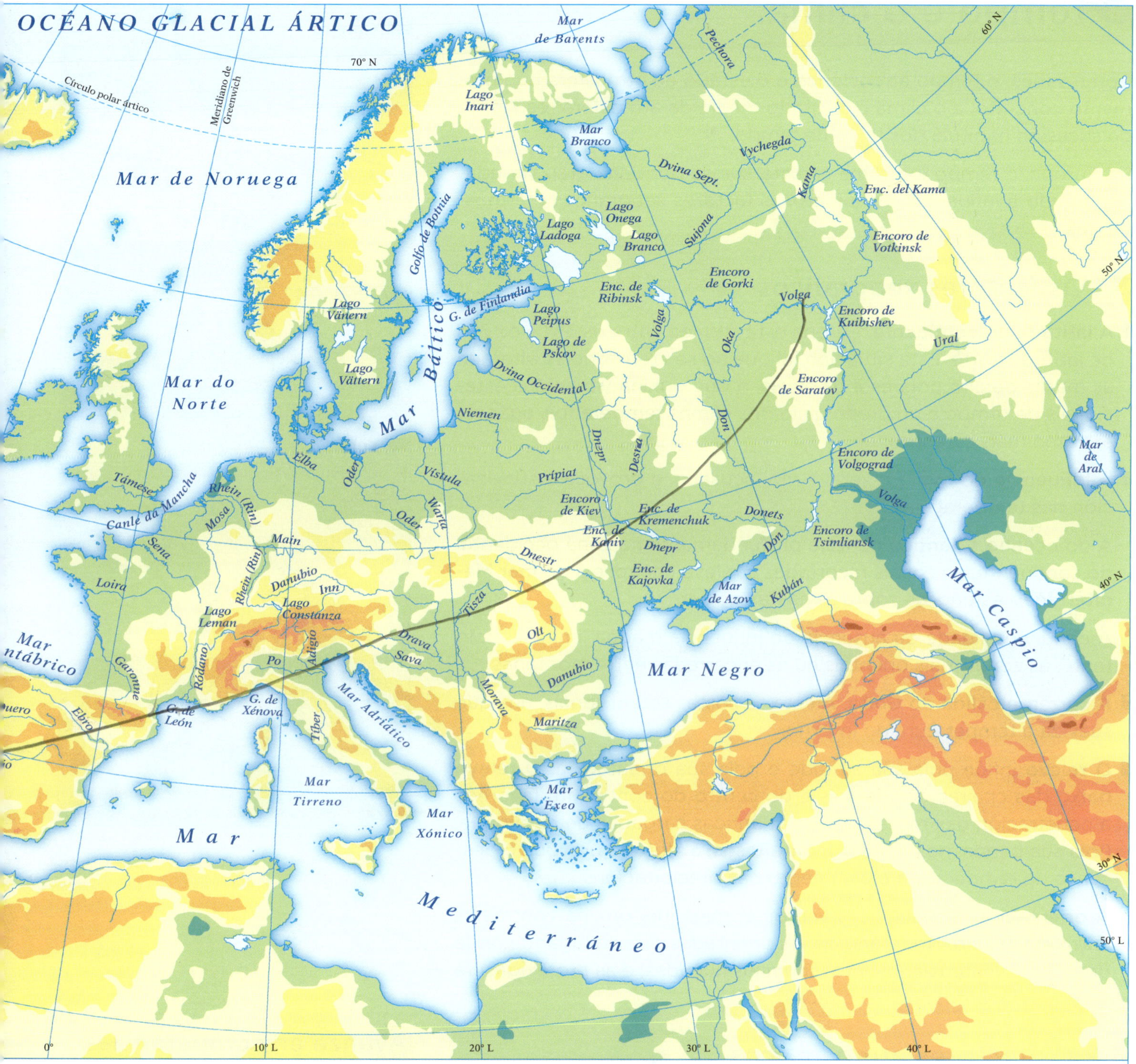

Río Danubio.

Río Rhein (Rin).

Mar Adriático.

3 O mapa físico de Europa (III). O tempo e o clima.

Como sabes, o tempo atmosférico é o estado da atmosfera nun momento concreto; e o clima é o estado medio da atmosfera resultante da sucesión habitual dos tipos de tempo.

En Europa, o tempo e o clima caracterízanse por unha gran variedade, debido á influencia de numerosos factores xeográficos e atmosféricos.

3.1 Os factores xeográficos

- **A latitude do continente.** Europa está situada entre os 35° e os 70° de latitude norte. Esta situación fai que no seu territorio se alternen as masas de aire polares e tropicais, o que orixina variacións estacionais de tempo e un predominio dos climas temperados, agás no extremo máis setentrional.
- **A influencia do mar.** En xeral é moi acusada, e provoca a suavización das temperaturas.

  A do **océano Atlántico** penetra profundamente na zona occidental do continente, de costas recortadas e relevo chairo, e a do **mar Mediterráneo** esténdese sobre as costas do sur.

  A continentalidade ou ausencia de influencia mariña limítase, polo tanto, ás zonas máis orientais ou ás encerradas entre montañas.
- **A corrente cálida do Golfo.** Afecta ás costas setentrionais, nas que suaviza a temperatura do inverno.
- **O relevo** inflúe pola súa altitude e pola súa orientación. O **relevo baixo** das chairas occidentais e do centro do continente favorece a penetración das masas de aire atlánticas cargadas de humidade. Pola súa banda, nos **relevos montañosos**, a altitude provoca o descenso da temperatura e o aumento das precipitacións.

  A **orientación** respecto aos ventos dominantes orixina contrastes entre as vertentes montañosas. As orientadas cara ao lugar de onde procede o vento (barlovento) son máis húmidas; e as protexidas do vento (sotavento) son máis secas.

3.2 Os factores atmosféricos

Os anticiclóns, as borrascas e as frontes que afectan a Europa ao longo do ano repercuten tamén no tempo atmosférico e no clima.

En **Europa occidental,** as borrascas atlánticas asociadas á fronte polar prodúcense sobre todo no inverno e provocan abundantes precipitacións; no verán, en cambio, inciden só no norte do continente. O anticiclón das Azores afecta sobre todo no verán, ocasionando tempo estable e temperaturas relativamente elevadas.

En **Europa central e oriental,** o frío invernal do chan favorece a formación de anticiclóns e un tempo frío e seco; e a calor do chan no verán favorece a formación de borrascas, que orixinan precipitacións.

Anticiclóns e borrascas

Xaneiro

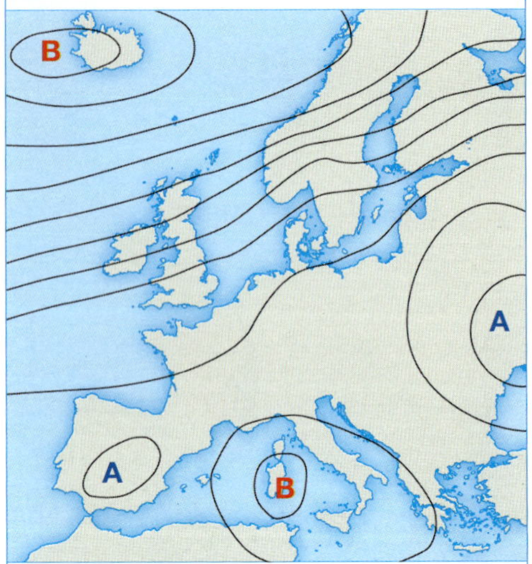

Xullo

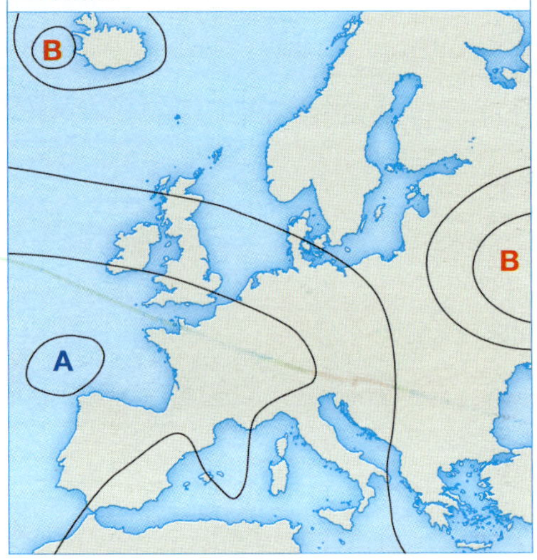

Avanza en competencias

Analizar fenómenos físicos

1. Define os conceptos de *latitude* e *continentalidade;* e aclara, cun exemplo, a diferenza entre tempo e clima.
2. Observa os mapas do tempo e contesta as preguntas:

   Que masas de aire afectan a Europa occidental, central e oriental no inverno? E no verán?

A diversidade climática europea

Traballar con mapas

3 Observa o mapa dos climas e resolve as cuestións indicadas a continuación:

a) Cita os factores xeográficos e explica a influencia na diversidade de climas da latitude, a proximidade ao mar, a existencia dunha corrente mariña cálida e o relevo.

b) Clasifica os distintos climas de Europa.

c) Que climas están representados na península ibérica?

4 Consigue un mapa mudo político de Europa.

a) Escribe nel o nome de cada país e o da súa capital.

b) Despois, compara ese mapa co dos climas, e indica o tipo de clima que posúe cada capital europea.

Participar na aprendizaxe

5 Consegue unha imaxe da corrente do Golfo. Que países europeos reciben a súa influencia? Que ocorrrería nas costas europeas sen a influencia desta corrente?

4 Os bioclimas de Europa

O clima e a vexetación están estreitamente relacionados, o que permite distinguir **bioclimas** ou extensos espazos diferenciados por posuír un clima e unha vexetación característicos. En Europa, os máis estendidos e representativos son o mediterráneo, o oceánico e o continental; e en menor medida, están presentes o polar e o de montaña.

O criterio máis habitual para delimitar os bioclimas é o clima, dada a súa enorme influencia sobre a vexetación.

Avanza en competencias

Organizar información

1 Compara nun cadro as características dos bioclimas de Europa.

Traballar con gráficos

2 Comenta os climogramas fixándote nestes aspectos: temperaturas, precipitacións, explicación dos trazos climáticos.

Bioclima oceánico

- **Esténdese** por Europa occidental.
- O **clima** presenta temperaturas pouco contrastadas debido á influencia do océano Atlántico. Así, o inverno non é moi frío (non baixa de -3 °C) e o verán é fresco (entre 10 °C e 22 °C). As precipitacións son abundantes (superiores a 700-800 mm) e regulares, debido á influencia das borrascas atlánticas.
- Os **ríos** son caudalosos e regulares.
- A **vexetación** predominante é o bosque caducifolio de carballos e faias; un bosque denso con árbores altas e follas planas. Nas zonas máis frías, ou onde o bosque se encontra degradado, dominan as matogueiras (landa) e os prados.

Bioclima mediterráneo

- **Esténdese** polo sur de Europa entre os 30 e os 45° de latitude norte, desde Portugal ao mar Negro.
- O **clima** presenta na costa temperaturas pouco contrastadas debido á influencia do mar Mediterráneo. Así, o inverno é temperado e o verán caloroso (supera 22 °C), aumentando os contrastes cara ao interior. As precipitacións son moderadas (entre 300 e 800 mm) e irregulares, con acusada seca estival e máximos no outono e primavera.
- Os **ríos** levan pouca auga no verán.
- A **vexetación** característica é o bosque perennifolio de aciñeiras e sobreiras; un bosque aberto, con árbores de mediana altura e follas duras. Nas zonas onde se encontra degradado predomina a matogueira densa (xara) ou aberta (palmito, romeu).

Bioclima continental

- **Esténdese** por Europa central e oriental.
- O **clima** presenta temperaturas moi **contrastadas, pois non existe influencia mariña.** Así, o inverno é moi frío (baixa de -3 °C) e o verán é fresco (non alcanza 22 °C). As precipitacións son moderadas -entre 300 e 800 mm-, caen en forma de neve no inverno, e son máis abundantes no verán.
- Os **ríos** conxélase no inverno e presentan enchentes na primavera, co desxeo.
- A **vexetación** varía de norte a sur. Sucédense o bosque de coníferas de piñeiros e abetos, pouco denso, con árbores medianas e follas como agullas; e as pradarías de herbas altas e baixas.

Bioclima polar

- **Esténdese** polos territorios europeos situados por enriba do círculo polar ártico, como o extremo norte de Noruega, Suecia, Finlandia, Islandia e Groenlandia.
- O **clima** presenta temperaturas sempre frías; algún mes supera os 0 °C, pero nunca soben de 10 °C. As precipitacións son escasas, xeralmente inferiores a 300 mm, e caen en forma de neve.
- As **augas** só se encontran en estado líquido cando a temperatura mensual sobe de 0 °C.
- A **vexetación** característica é a tundra, composta por plantas de baixa altura, como os mofos e os liques.

Bioclima de montaña

- **Esténdese** polos sistemas montañosos europeos.
- O **clima** está condicionado pola altitude. Así, na zona de alta montaña, a temperatura media non supera os 10 °C e as precipitacións adoitan superar os 1 000 mm e caen en forma de neve no inverno.
- Os **ríos** levan pouca auga no inverno e sofren grandes enchentes na primavera, co desxeo.
- A **vexetación** de montaña gradúase en pisos. Desde a base sucédense os bosques, que chegan ata a altura na que a temperatura non sobe nunca de 10 °C; as matogueiras; os prados; e os mofos e liques. A partir da altitude onde a temperatura non sobe nunca de 0 °C, a vexetación desaparece e é substituída por rochas e neves perpetuas.

Informe gráfico

Os espazos naturais. A Rede Natura 2000

Os espazos naturais son territorios que apenas foron modificados pola acción humana, polo que se manteñen en estado natural ou seminatural.

O rápido retroceso destes espazos, e da biodiversidade que encerran, débese á extensión das actividades humanas. Entre elas, os asentamentos urbanos, as actividades agrícolas e gandeiras, as instalacións industriais, as infraestruturas de transporte, e un número crecente de servizos e equipamentos.

Por este motivo, os países que integran a Unión Europea crearon a **Rede Natura 2000,** unha rede europea de espazos protexidos que inclúe dous tipos de espazos: as Zonas Especiais de Protección de Aves (ZEPA); e os Lugares de Importancia Comunitaria (LIC). A Rede é o resultado de dúas directivas comunitarias, a **Directiva de Aves** e a **Directiva de Hábitats,** e a principios de 2014 incluía 27 308 espazos que ocupaban 1 039 322 km^2 e supoñían un 18,4 % da superficie total da UE.

As Zonas Especiais de Protección de Aves

Fonte de Pedra (Málaga).

A **Directiva de Aves** de 1979 obriga os estados membros da Unión Europea a implantar medidas encamiñadas a manter unha superficie e unha diversidade de hábitats adecuada para garantir a conservación de todas as aves que viven en estado salvaxe.

As aves migratorias, e certas especies de aves ameazadas pola extinción, contan tamén cunha protección máis estrita do seu hábitat. Esta protección obriga a crear para elas ZEPAs onde quedan garantidos o seu descanso, reprodución e alimentación.

Os Lugares de Importancia Comunitaria

LIC de Gråberget-Hotagsfjällen

A **Directiva de Hábitats** de 1992 obriga aos estados membros a elaborar unha lista de **Lugares de Importancia Comunitaria** (LIC). Estes lugares albergan hábitats naturais terrestres e mariños que se consideran relevantes para a conservación da biodiversidade da UE.

Un exemplo é o LIC de Gråberget-Hotagsfjällen, en Suecia, unha zona de montaña que conta con extensas áreas de bosques virxes, pantanos, lagos e brañas. Nel existen abetos de 350 e 400 anos de idade, que albergan unha fauna salvaxe rica e diversa.

Avanza en competencias

Comprensión, expresión e TIC

1 Define os seguintes termos: *Rede Natura 2000, ZEPA* e *LIC.*

2 Escribe un texto de cinco liñas no que indiques por que é importante a protección de espazos naturais.

3 Obtén do gráfico os países que contan cunha superficie superior e inferior á media europea. Que lugar da lista ocupa España?

4 Xunto cun compañeiro ou compañeira, busca información en Internet sobre unha ZEPA ou un LIC de España. Indica que trazos motivaron a súa elección como espazo protexido, as páxinas consultadas e cal vos pareceu máis interesante e por que.

A Rede Natura 2000

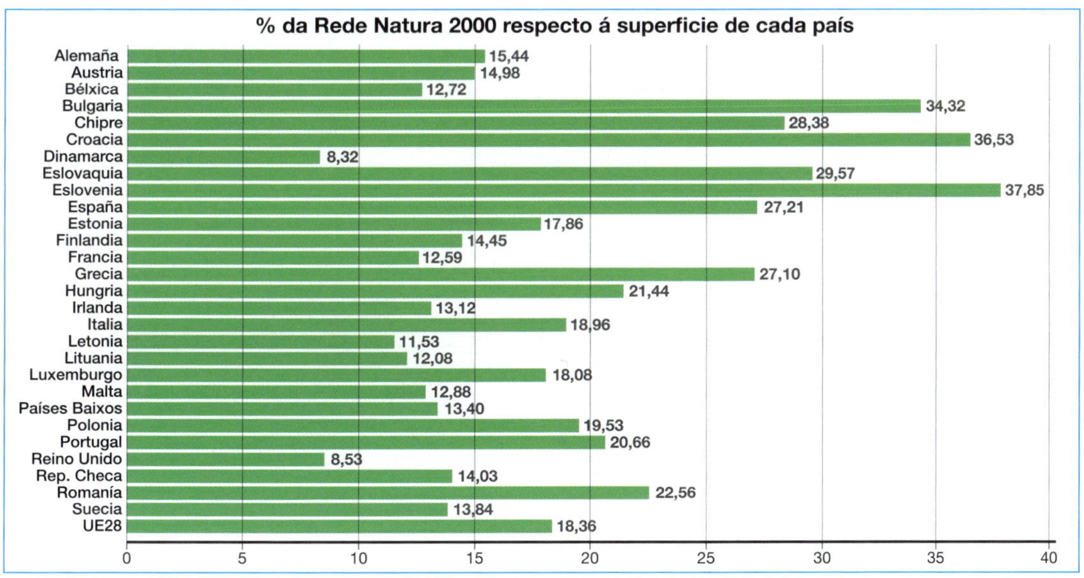

A porcentaxe de superficie protexida da UE é a máis extensa da Terra e comprende espazos marítimos e terrestres. Ademais de promover a conservación da natureza, estes espazos proporciónanlle ingresos á poboación da contorna, pois participa nas tarefas de protección e pode practicar actividades como a agricultura, a silvicultura, a pesca e o ecoturismo que favorecen a súa permanencia no mundo rural.

Os mapas e as TIC

Mapas, localización e distribución

Como sabes, a xeografía utiliza os mapas para representar a superficie da Terra ou unha parte dela. Os mapas axúdannos a coñecer a localización e a distribución sobre un territorio de feitos xeográficos, sexan estes físicos ou humanos.

- A **localización** permítenos situar a posición exacta de calquera feito, lugar ou fenómeno xeográfico no espazo. Para iso, utilízanse as coordenadas xeográficas; é dicir, a latitude e a lonxitude.

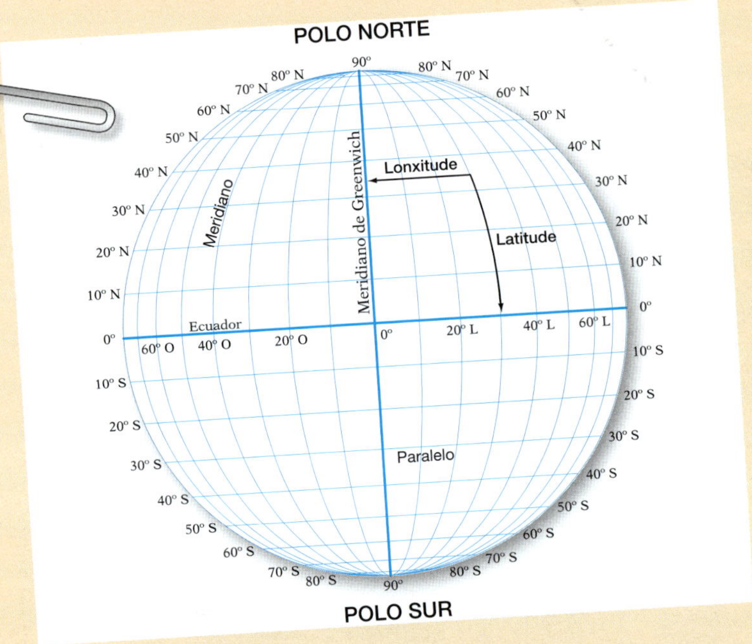

- A **distribución** infórmanos sobre a extensión, forma e límites do feito xeográfico representado. Para recollela utilízanse mapas temáticos, como este de situación dos Alpes en Europa.

Utilizamos as TIC. Google Maps

As novas tecnoloxías permítennos realizar unha gran cantidade de actividades relacionadas cos mapas utilizando programas específicos.

O máis coñecido é **Google Maps,** que nos permite, por exemplo, medir a distancia que existe entre dous lugares, buscar as coordenadas xeográficas dun lugar concreto, obter as coordenadas dun lugar, crear un mapa personalizado e compartilo cun compañeiro ou compañeira, e medir as distancias e as áreas.

- **Medir a distancia entre dous lugares**

Abrimos Google Maps, situámonos sobre o punto de partida e facemos clic co botón dereito; seleccionamos *Medir distancia* no despregable que se nos abre; a continuación, situámonos no punto de chegada e facemos clic co botón dereito do rato en *Distancia ata aquí.*

Debaixo do cadro de busca, sairanos a distancia entre os dous lugares:

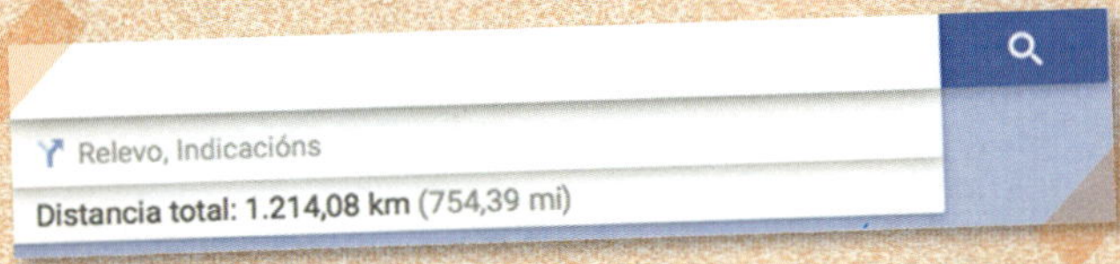

- **Buscar as coordenadas dun lugar**

Se tes as coordenadas dun lugar, e queres localizalo no mapa, escribe as súas coordenadas no cadro de busca. Debaixo do cadro aparecerache o nome do lugar que buscas.

- **Obter as coordenadas dun lugar**

Sitúa o cursor sobre o lugar e fai clic no botón dereito. A continuación, selecciona ***Que hai aquí?***

Debaixo do cadro de busca obterás as coordenadas xeográficas do lugar.

- **Crear un mapa personalizado**

No cadro de diálogo, entra en *Os meus mapas* e selecciona *Crear un mapa.* A continuación, coa opción *Mapa base,* cambia o estilo do mapa (relevo, político claro, monocromático con cidades, atlas sinxelo, físico claro, rápido, etc.), e debuxa as liñas.

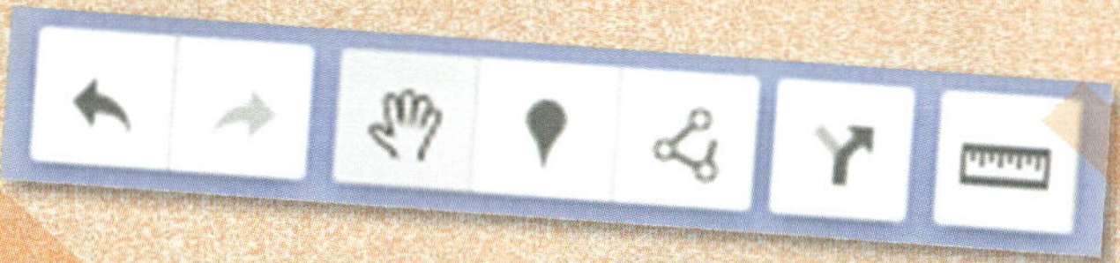

- **Compartir un mapa**

Fai clic sobre a roda dentada que hai na esquina inferior dereita e selecciona *Compartir ou inserir o mapa.*

Esta opción permíteche compartir o enlace ou inserir o mapa cun tamaño predeterminado: pequeno, mediano ou grande.

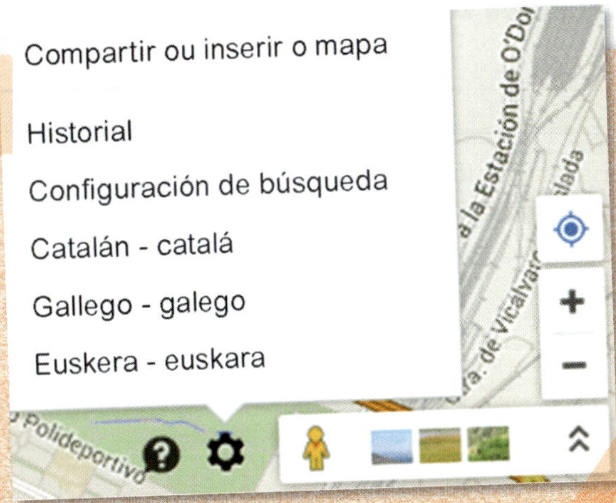

- **Medir distancias e áreas**

Crea un mapa personalizado. Selecciona a ferramenta *Medir distancias e áreas* e fai clic nos catro vértices da área que queres medir. O programa calcularache a área do recadro seleccionado.

emprender aprender

Pon en práctica

1 Recorda as definicións de paralelo, meridiano, latitude e lonxitude.

Utilizando un atlas, calcula a latitude e a lonxitude destas cidades europeas: Leipzig, Amsterdam, Bruxelas e Zúrich.

2 Abre Google Maps e realiza estas tarefas:

a) Obtén as coordenadas xeográficas das cidades anteriores.

b) Mide a distancia que hai entre Bruxelas e Amsterdam.

c) Localiza o lugar ao que corresponden estas coordenadas xeográficas, e comparte a información cun amigo ou amiga: 45.897210, 12.249907.

Comproba a túa aprendizaxe

1 Localiza, nun mapa como o adxunto, os seguintes elementos do medio físico europeo:

a) Relevo: Gran Chaira Europea, Montes Urais, Montes Escandinavos, Balcáns, Apeninos, e Cárpatos.

b) Augas: lago Onega e mar Caspio; ríos Danubio e Rhein (Rin); mares do Norte, Báltico, Negro e Exeo.

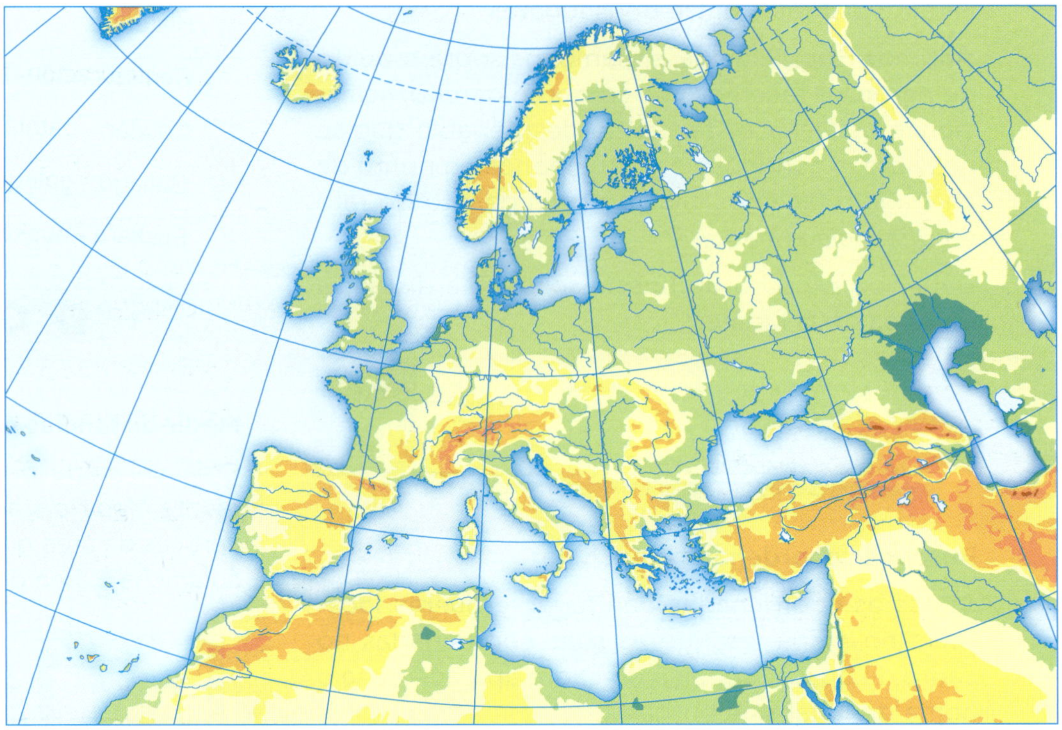

2 Completa no teu caderno a lenda do mapa inferior escribindo no seu lugar correspondente os bioclimas de Europa.

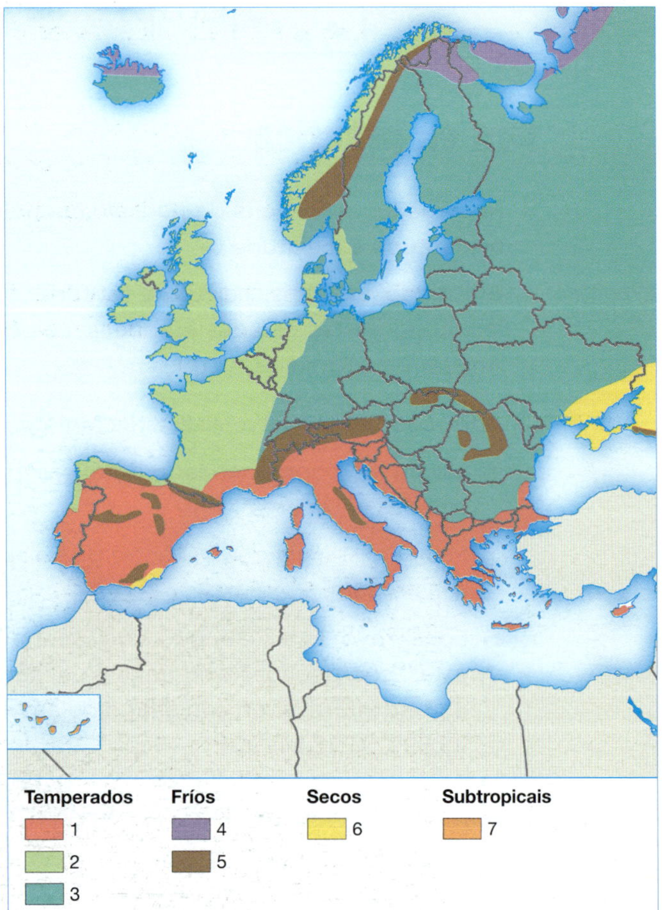

3 As imaxes inferiores son paisaxes típicas de tundra e de landra. Escribe un pé explicativo sintetizando os trazos básicos destes bioclimas.

4 O *Lake District* que mostra a fotografía é o Parque nacional máis grande do Reino Unido. Que se entende por espazo natural? Que é a Rede Natura 2000 da Unión Europea?

Comproba as túas competencias

O contraste dos ríos europeos

As vías fluviais europeas alcanzan os 50 000 quilómetros de percorrido, pero están distribuídas de forma desigual ao longo do continente.

En conxunto, dos 41 000 quilómetros de vías fluviais utilizadas como vías de transporte entre os países da Unión Europea, 24 000 quilómetros encóntranse en Bélxica, Francia (8 500 km), Alemaña, Países Baixos (7 000 kms) e Polonia. Así, as zonas industriais alemás, suízas e do noroeste de Francia mantéñense conectadas mediante o Rhein (Rin) e os seus afluentes. O río Mass e as súas canles navegables conectan Bélxica, Luxemburgo e o norte do país galo. A canle entre o río Meno e o Danubio pon en contacto o Mar do Norte co Mar Negro, conectando as grandes áreas industriais de Austria, a República Checa, Hungría, Croacia, Serbia, Romanía e Bulgaria con Alemaña. E mediante o Elba e o Óder hai unha conexión natural entre as rexións industriais alemás, austríacas, polacas e checas.

En contraste, no sur de Europa, a península ibérica, Italia e Grecia encóntranse separadas dos seus veciños do norte por cordilleiras. O terreo montañoso promove unha desigualdade natural en Europa, xa que mentres Alemaña e os seus veciños contan cunha rede de comunicación sinxela mediante os ríos, os países do sur non teñen ríos navegables que faciliten o transporte fluvial. Isto obrígaos a investir en custosas infraestruturas de transporte terrestre para superar tanto as barreiras topográficas que os separan do norte de Europa coma os obstáculos naturais que a xeografía crea dentro do propio país.

http://www.periodistadigital.com

1 Precisa o significado destes termos:

a) Afluente.

b) Conexión natural.

c) Cordilleira.

d) Barreiras topográficas.

e) Obstáculos naturais.

2 De todos os ríos mencionados no texto:

a) Cal desemboca no Mar Negro?

b) Cales desembocan no océano Atlántico?

c) En que se diferencian uns doutros?

d) Que ríos poñen en contacto o Mar do Norte e o Mar Negro?

3 A partir dos datos do texto, calcula: a) a porcentaxe de vías fluviais utilizadas como vías de transporte na U.E; b) a suma das vías utilizadas para o transporte en Francia e os Países Baixos sobre o total de vías fluviais europeas.

4 No texto afírmase que «a península ibérica, Italia e Grecia encóntranse separadas dos seus veciños do norte por cordilleiras». Cita alghuna desas cordilleiras.

5 Indica se estas afirmacións son correctas. Argumenta a túa resposta con datos obtidos do texto:

a) O transporte fluvial resulta máis barato que o terrestre.

b) As áreas industriais do sur de Europa están tan conectadas por ríos como as do norte de Europa.

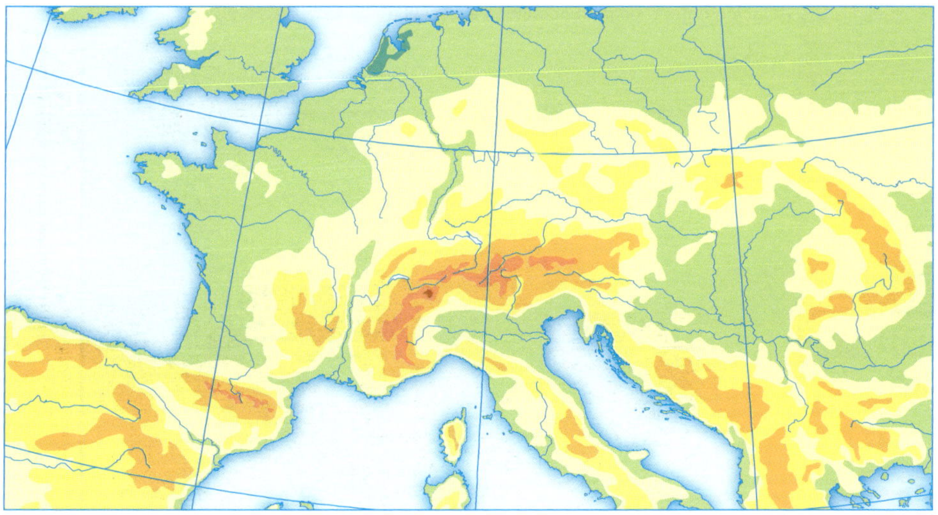

6

O medio natural e as actividades humanas

Inicia unha nova aprendizaxe

Xa coñeces as actividades humanas e a súa implantación no espazo. Agora analizaremos o medio natural como recurso para o desenvolvemento das diferentes actividades económicas e os problemas ambientais derivados da deterioración do medio natural.

Ademais, achegarémonos ao coñecemento dos riscos naturais e a repercusión que supoñen como freo do proceso de desenvolvemento económico e social das zonas máis vulnerables.

Xoga co espazo

Cada actividade cotiá que realizamos deixa no planeta unha pegada ecolóxica que é posible calcular medindo os recursos naturais utilizados para levala a cabo.

Estuda as imaxes e realiza estas actividades.

1 Que mide a pegada ecolóxica?

2 Tras analizar o mapa, nomea países da Terra con alta e baixa pegada ecolóxica.

3 Analiza os gráficos A e B e contesta. Que relación aprecias entre os niveis de desenvolvemento e a pegada ecolóxica dos países?

4 Únete cun compañeiro ou compañeira, accedede a Internet, e medide a vosa pegada ecolóxica contestando a un sinxelo cuestionario. Despois, comparádea e decidide que estades dispostos a facer para reducila.

http://www.miliarium.com/formularios/huellaecologicaa.asp

Porcentaxe de pegada ecolóxica dos países máis contaminantes e do resto do mundo

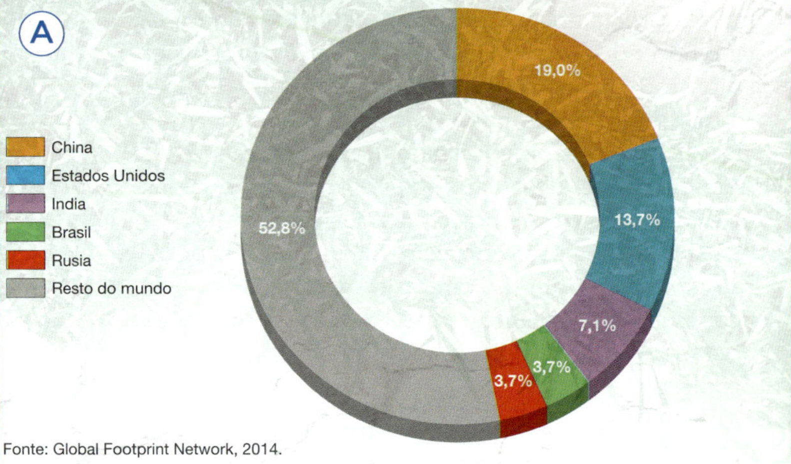

Fonte: Global Footprint Network, 2014.

Relación entre a pegada ecolóxica e o nivel de desenvolvemento

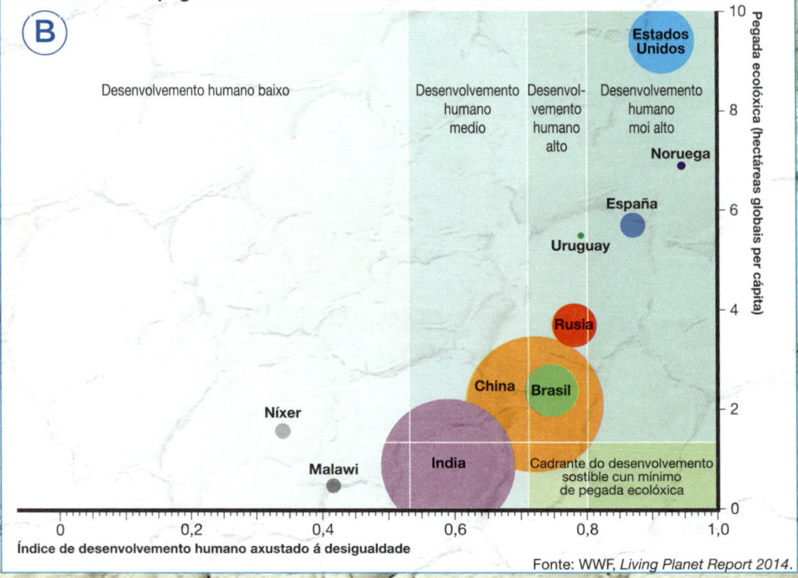

Fonte: WWF, *Living Planet Report 2014*.

Como se mide a pegada ecolóxica?

Absorción de carbono
Cantidade de terreo forestal requerido para absorber as emisións de CO_2.

Terras de pastoreo
Área que utiliza o gando para carne, lácteos, pel e la.

Bosques
Cantidade de madeira, leña e pulpa que consume anualmente cada país.

Zonas pesqueiras
Produción primaria requerida para realizar a captura de peixes e mariscos.

Terras de cultivo
Área utilizada para producir alimentos e fibra, cultivos oleaxinosos e caucho.

Áreas urbanizadas
Terra ocupada por infraestruturas humanas, incluíndo transporte, vivendas e industrias.

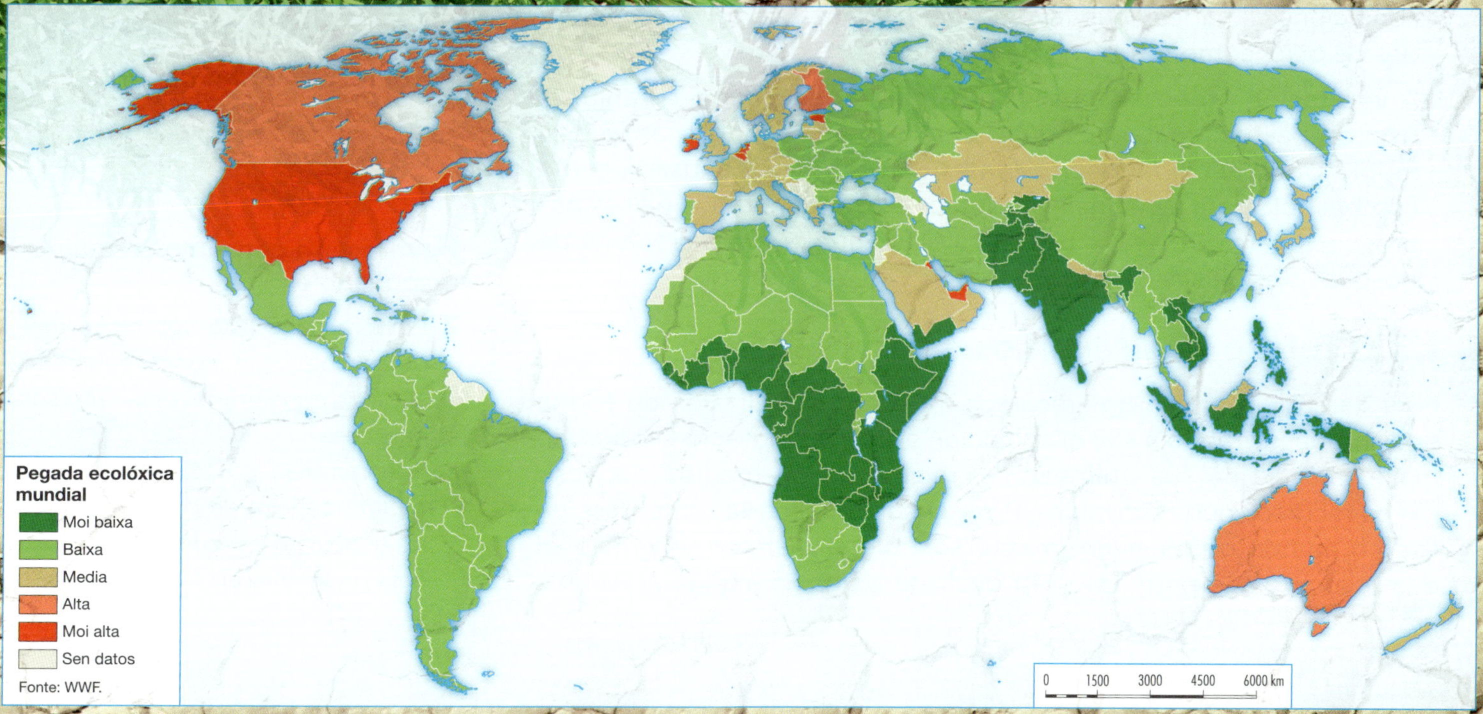

1 O medio e os recursos naturais

Os recursos naturais son os elementos proporcionados pola natureza que teñen unha utilidade para as persoas. Os máis importantes obtéñense do solo e do subsolo, do relevo, da auga, da atmosfera, e da vexetación.

1.1 Os recursos do solo, do subsolo e do relevo

- O **solo** é o soporte dos asentamentos e da actividade agraria, e constitúe a base sobre a que crecen e se alimentan as plantas silvestres, os animais e os cultivos dos que viven as persoas.
- O **subsolo,** ou capa profunda do terreo situada baixo a terra cultivable, proporciónalles aos seres humanos minerais e rochas, cuxa explotación se realiza mediante a minería. Ademais proporciona fontes de enerxía, como a xeotérmica, que aproveita a calor interna da Terra.
- O **relevo** pode constituír tamén un recurso turístico, sobre todo nos lugares onde dá lugar a praias areentas ou a formacións xeolóxicas de gran beleza: Gran Canón do Colorado, Cidade Encantada de Cuenca, etc.

1.2 Os recursos da auga, da atmosfera e da vexetación

- A **auga doce e salgada** é un recurso imprescindible para a supervivencia dos seres vivos. Proporciona alimentos, como peixe. E emprégase para a rega agraria, a produción mineira, as centrais hidroeléctricas, a fabricación industrial, e o transporte humano e de mercadorías. A auga é tamén imprescindible nos fogares, nas cidades e en moitas actividades de ocio, como a navegación recreativa, a pesca deportiva, as piscinas e parques de auga, etc.
- A **atmosfera** proporciona fontes de enerxía, como o sol e o vento; e condicións climáticas que favorecen a presenza de certas actividades de ocio, como o turismo de sol e praia e o de neve.
- A **vexetación** proporciona alimentos para as persoas e os animais (froitos, pastos); materias primas para diferentes industrias (papel, moble, perfumería, farmacia); fontes de enerxía (leña, usada como combustible para a cociña e a calefacción en numerosos países pobres); e lugares de ocio e descanso (caso dun número crecente de bosques dos países desenvolvidos).

1.3 O futuro dos recursos

Para garantir o futuro dos recursos é necesario utilizalos de forma equilibrada, evitando a súa dilapidación e sobreexplotación; logrando maior eficacia na súa utilización; e reciclando na medida do posible os recursos non renovables. Por iso, na actualidade foméntase en todo o mundo o **desenvolvemento sostible;** é dicir, un uso racional dos recursos que permita o seu desfrute polas xeracións presentes e futuras.

As reservas esgótanse

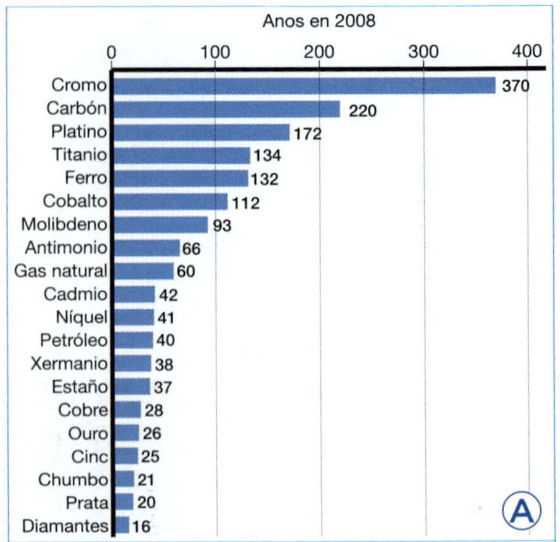

FONTE: http://www.luisllamas.es/2012/03/el-esgotamento-de-as-reservas-minerais/

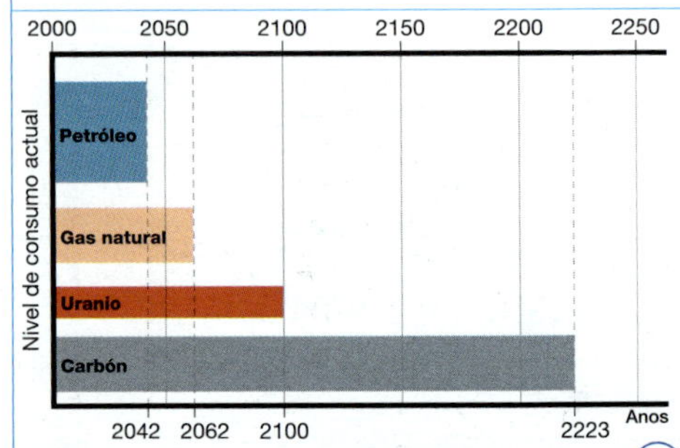

Fonte: British Petroleum, *BP Statistical Review of World Energy June 2010.* B

Ao ritmo actual de consumo, moitos recursos naturais pódense esgotar nun prazo medio de tempo.

a) Os ritmos de esgotamento da enerxía. Duración estimada das reservas segundo o seu consumo actual.

b) Duración das reservas dalgúns recursos non-renovables.

Avanza en competencias

Participar na aprendizaxe

1 Pon un exemplo de uso na túa vida cotiá de cada un dos recursos naturais.

Favorecer o consumo responsable

2 Elabora unha lista con cinco medidas coas que podes colaborar ao uso equilibrado dos recursos naturais.
Intercámbiaa co teu compañeiro ou compañeira de clase, e realizade unha lista conxunta para expoñela oralmente ao resto da clase.

Os recursos naturais proporcionados polo medio natural

Solo, subsolo e relevo

Cultivos, rochas e minerais

Enerxía xeotérmica

Atractivo turístico

Auga

Alimentos

Regadío

Produción hidroeléctrica

Atmosfera

Enerxía solar

Enerxía eólica

Modalidades turísticas

Vexetación

Leña e madeira

Lugares de ocio

Utilizar as TIC

3 Busca imaxes representativas de aproveitamentos dos principais recursos naturais.

Pégaas no teu caderno e escribe un pé explicativo.

Expresar opinións

4 O futuro das persoas está ligado ao futuro dos recursos naturais?

2 O medio como risco

O medio natural comporta perigos para as persoas polos desastres que pode ocasionar. Entre eles, danos humanos, como mortos e feridos; e perdas materiais, como destrución de colleitas, edificios e infraestruturas: vías de comunicación, tendido eléctrico, conducións de auga, etc.

2.1 Os riscos climáticos

Os elementos do clima, cando son extremos, poden supoñer certos riscos para as persoas.

- Os relacionados coas **temperaturas** son as ondas de frío e de calor. Afectan, sobre todo, á zona temperada cando é invadida por masas de aire moi frías ou moi cálidas.
- Os relacionados coas **precipitacións** son as inundacións e as secas. As **inundacións** consisten na ocupación pola auga de zonas non habituais. Débense a precipitacións torrenciais ou á rápida fusión da neve. Na Terra, a zona con máis risco é o sueste de Asia, e en España, os ríos das vertentes mediterránea e cantábrica. As **secas** son períodos prolongados con escaseza de precipitacións. Na Terra, afectan especialmente aos bordos do deserto e á área mediterránea. En España son especialmente intensas no sur e sueste da península ibérica.
- Os riscos relacionados co **vento** prodúcense cando alcanza velocidades superiores aos 70 km/h. Na Terra, os máis daniños son os ciclóns tropicais, tamén chamados furacáns e tifóns, que inciden nas costas orientais das Antillas, América Central, Madagascar e o sueste de Asia; e os tornados, nos Estados Unidos. En España, os ciclóns teñen unha incidencia esporádica.

Riscos do clima

Inundacións

Ciclóns, furacáns, tifóns

Tornados

2.2 Os riscos xeolóxicos internos

Son aqueles que proceden do interior da Terra, como os volcáns e os sismos, e débense ao movemento das placas da litosfera.

- Os **volcáns** producen ás veces violentas erupcións, que emiten materiais sólidos, coadas de lava ou gases tóxicos. No **mundo,** as zonas máis afectadas son o sueste asiático e a costa occidental de América. En **España** este risco afecta unicamente algunhas illas canarias: A Palma, Tenerife, Lanzarote e El Hierro.
- Os **sismos** provocan gretas no terreo e desprazamentos de materiais. Cando teñen unha orixe submarina ocasionan **tsunamis,** ondas xigantescas que poden ter consecuencias desvastadoras sobre as poboacións costeiras.

  No **mundo,** este risco afecta tamén ao sueste asiático e á costa occidental de América; e en **España,** ao sur e sueste peninsular, situados na zona de contacto entre as placas africana e euroasiática.

Avanza en competencias

Analizar fenómenos físicos

1 Busca información sobre algunha catástrofe recente relacionada cun risco xeolóxico.
Elabora un informe indicando cando e onde se produciu; cales foron as súas causas e as súas consecuencias; e outros datos que consideres de interese.

2 Cales son as zonas de España e da túa comunidade máis afectadas polos riscos xeolóxicos?

Sismos, volcáns, tsunamis e outros perigos naturais

Terremotos

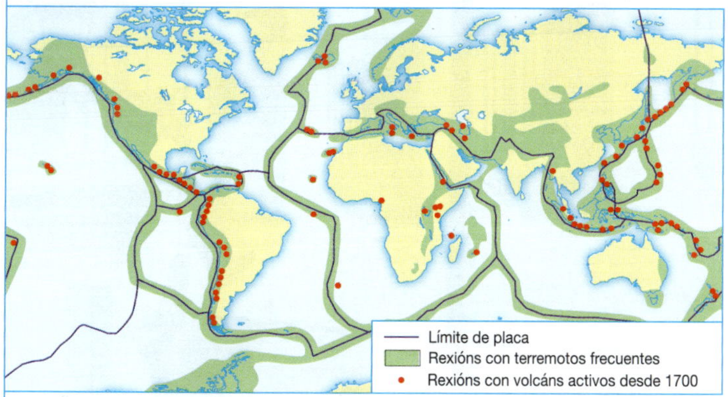

Esquema dun tsunami

Múltiples perigos

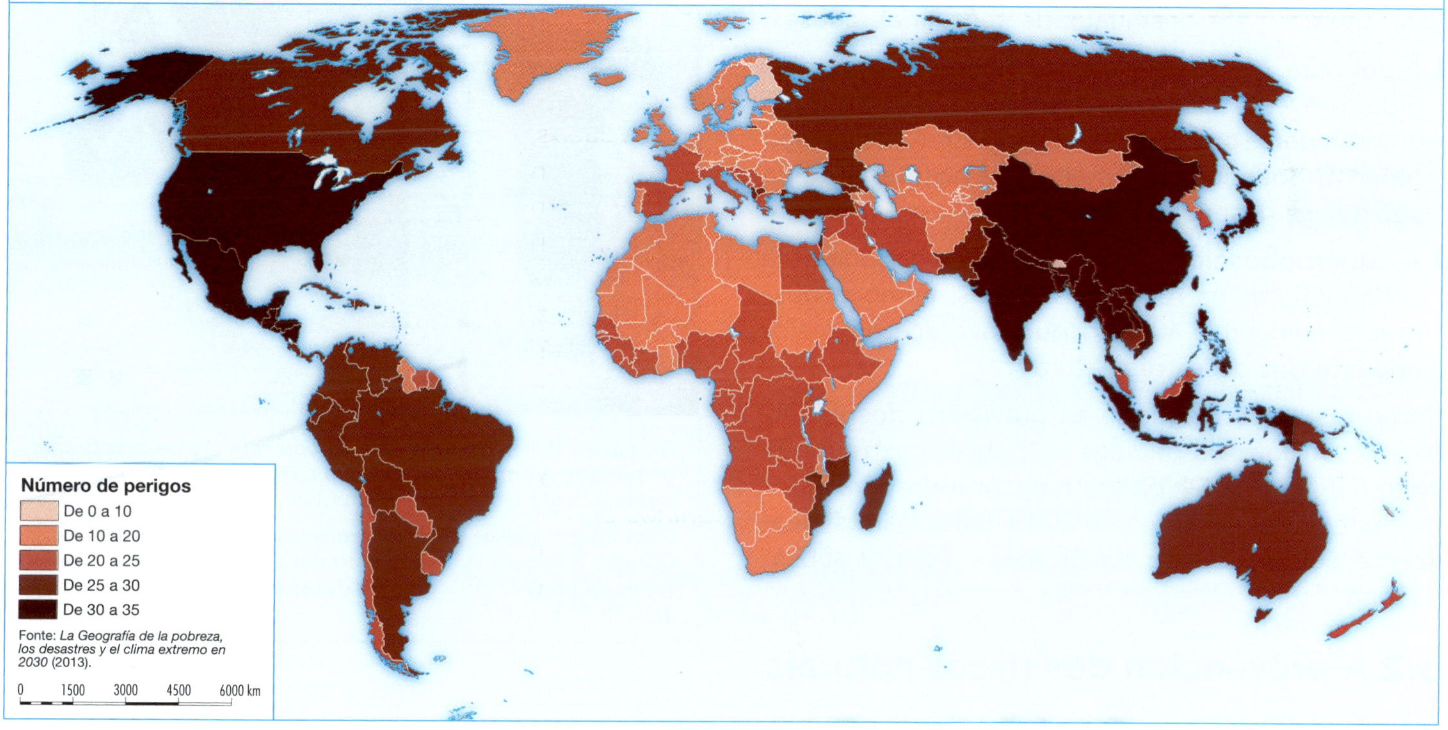

2.3 Os riscos xeolóxicos externos

En ocasións, os riscos xeolóxicos proceden do exterior da Terra. É o caso dos corrementos e os desprendementos de rochas.

- Os **corrementos** son movementos de grandes masas de chan por unha vertente. Adoitan producirse cando o solo se humedece despois de fortes precipitacións. No **mundo** as zonas máis afectadas son as rexións tropicais e ecuatoriais; e en **España,** as de fortes precipitacións e solo arxiloso, sobre todo se carece de vexetación.

- Os **desprendementos** son desprazamentos de grandes masas de rochas acumuladas na vertente dunha montaña. Estes fragmentos proceden da rotura das rochas polo xeo e do desxeo, e poden causar grandes estragos. As zonas máis afectadas son as montañas da Terra onde a altitude permite a conxelación e a fusión da auga.

Buscar solucións

3 Entra en Internet e consulta as medidas de actuación en caso de terremoto ou de inundación. Despois, planifica un xeito para darllas a coñecer ao alumnado do teu centro de estudos.

3 Os riscos naturais e o desenvolvemento desigual

3.1 Unha incidencia social desigual

Os perigos naturais afectan a todos os espazos da Terra. Non obstante, as súas consecuencias adoitan ser máis desvastadoras nos países máis atrasados. Así, cada vez que sucede unha erupción volcánica, un terremoto, un furacán ou unha seca, nos países pobres moitas persoas morren ou quedan sen vivenda e sen acceso aos servizos básicos. Ademais, a recuperación tras o desastre é moi difícil pola falta de medios.

Esta situación de desigualdade ten varias **causas.**

- **A pobreza.** Os países pobres non contan coas medidas preventivas que poderían axudarlles a reducir en gran parte os efectos dos desastres. Tampouco teñen as dotacións de emerxencia necesarias unha vez que se desencadearon.
- **A superpoboación.** Leva algunhas poboacións a sobreexplotar os recursos naturais, como o bosque, o solo ou a auga, o que favorece un maior impacto dos desastres naturais.

Como resultado, segundo as previsións dos expertos, 325 millóns de persoas en pobreza extrema vivirán nalgún dos 50 países máis propensos a sufrir desastres naturais antes de 2030. Estes países localízanse, sobre todo, no sur de Asia e a África subsahariana.

3.2 A prevención dos riscos naturais

A prevención ante os riscos naturais supón adoptar **medidas previas** para minimizar os efectos dun fenómeno natural daniño. Entre elas encóntranse a construción de edificios e infraestruturas resistentes aos terremotos; as obras de suxeición de vertentes, para evitar os corrementos e desprendementos; a limpeza e corrección das canles fluviais, para reducir os efectos das inundacións; a construción de infraestruturas para garantir o abastecemento de auga en períodos de seca; e evitar actuacións imprudentes, como a construción de asentamentos xunto a canles fluviais ou zonas con risco de deslizamento.

Tamén é esencial dispoñer de **mecanismos de detección e alerta** e xestionar de forma adecuada os riscos; é dicir, dispoñer dos medios necesarios para socorrer á poboación cando se produce un desastre natural.

Riscos naturais e desenvolvemento humano

Os países desenvolvidos contan con medios para xestionar os perigos do medio natural. É o caso de España, onde esta tarefa a desempeña Protección Civil.

Pero moitos países pobres carecen dos recursos necesarios. Por iso, é necesaria a solidariedade e a axuda internacional, tanto na prevención, coma na dotación de medios de actuación.

Avanza en competencias

Comprensión de fragmentos

1 Le con atención o texto explicativo e responde:

a) Que son os riscos naturais?

b) Cales son as consecuencias das catástrofes naturais?

Expresar opinións

2 Os países ricos mandan axuda aos máis pobres cando sofren un desastre natural.
Cres que poderían adoptar outras medidas? Argumenta a túa resposta.

Desastres naturais e pobreza

O risco de sufrir desastres naturais

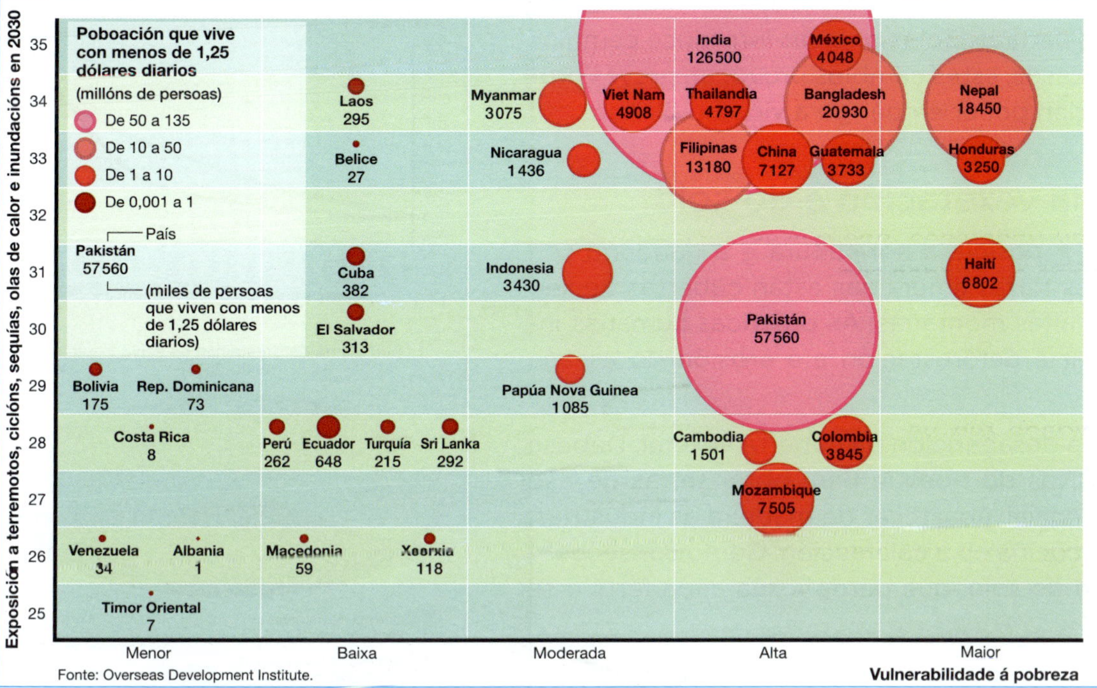

FONTE: http://www.odi.org/sites/odi.org.uk/files/odi-assets/publications-opinion-files/8635.pdf. Overseas Development Institute.

O gráfico mostra o nivel de pobreza previsto para o ano 2030 en países con alto risco de sufrir desastres naturais (terremotos, ciclóns, secas, ondas de calor e inundacións).

A capacidade de prevención

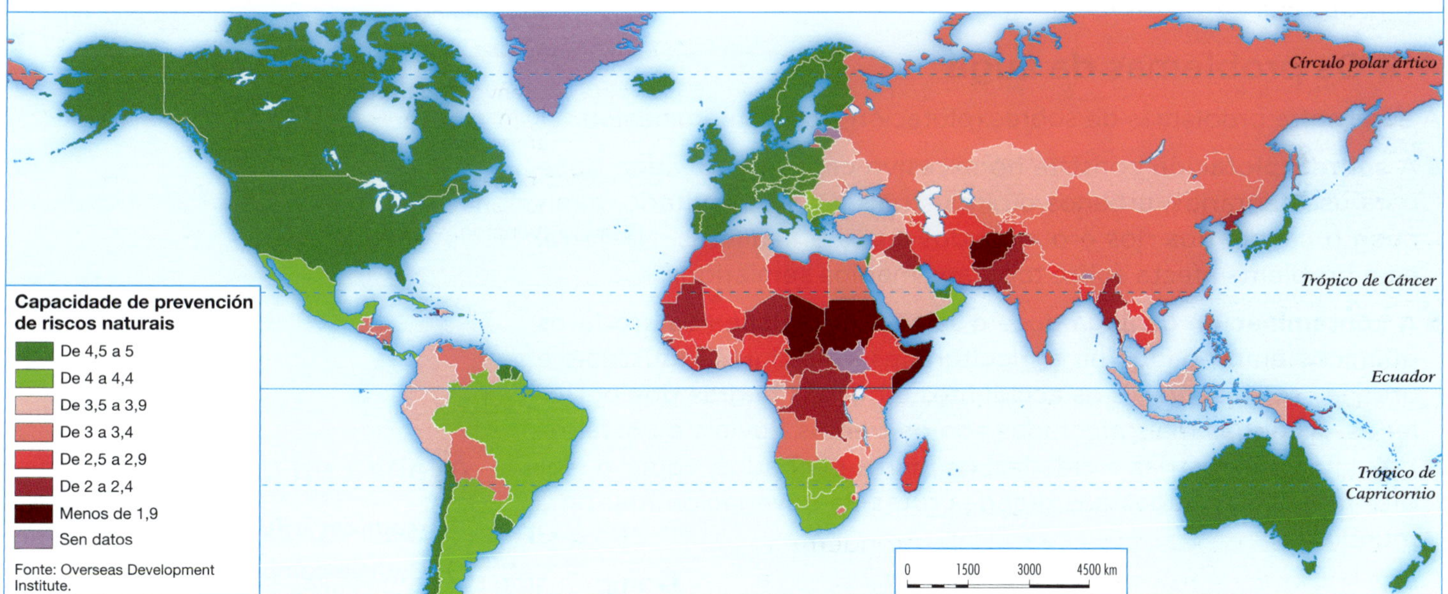

FONTE: Overseas Development Institute.

Comprender o espazo

3 Observa o gráfico e responde. En 2030, cales serán os países con alto grao de pobreza e elevado risco de catástrofes naturais?

Localízaos nun mapa e di en que continente e en que zona da Terra se encontran.

Traballar con mapas

4 Utiliza o atlas e anota no teu caderno países da Terra con alta e baixa capacidade de prevención de desastres naturais.

5 Por que os efectos das catástrofes naturais son máis desvastadores nos países pobres?

4 A acción do ser humano sobre o medio ambiente

A explotación dos recursos naturais polas persoas introduce cambios no medio natural. Nalgúns casos, estes cambios provocan graves problemas ambientais que poden poñer en perigo a vida no planeta.

4.1 Os problemas da vexetación e do solo

As áreas do planeta onde é posible a agricultura e a gandería son limitadas, xa que o 51 % das terras emerxidas están cubertas de xeo ou neve ou son desertos e altas montañas. As prácticas humanas inapropiadas poden provocar a deforestación e a erosión do escaso solo dispoñible.

A **deforestación** consiste na desaparición da cuberta vexetal. Débese ás queimas ou cortas masivas do bosque para obter terras de uso agrícola, gandeiro ou residencial; abastecer de madeira ás industrias, e proporcionar leña para a cociña ou a calefacción. Como consecuencia increméntase a **erosión** do solo, que perde a súa capa fértil e se desertifica.

Estes dous problemas afectan a toda a Terra. Así, desde 1950 perdeuse case un terzo da superficie forestal e desertificáronse 500 millóns de hectáreas.

4.2 Os problemas da auga

A auga sofre problemas de sobreexplotación e de contaminación.

- A **sobreexplotación** consiste no excesivo consumo de auga doce para usos agrarios, urbanos ou industriais. Como resultado, diminúen o caudal dos ríos e o nivel dos lagos e acuíferos. Na Terra, este problema afecta sobre todo aos medios semiáridos.
- A **contaminación** da auga doce e salgada provócana os produtos químicos empregados na agricultura; as verteduras industriais e urbanas sen depurar, e os accidentes e mareas negras dos petroleiros. As augas máis afectadas son os tramos fluviais e costeiros próximos a industrias e cidades; os mares pechados, como o Mediterráneo, e as augas das grandes rutas da navegación marítima mundial.

4.3 Os problemas da atmosfera

A atmosfera padece diferentes problemas a causa das actividades humanas, como o quentamento global e a contaminación.

- O **quentamento global** débese ao incremento do efecto invernadoiro causado polas emisións de CO_2 e outros gases, que están provocando a elevación progresiva da temperatura media da Terra.
- A **contaminación atmosférica** é o resultado das emisións nocivas das centrais enerxéticas, as calefaccións, as industrias e o tráfico. Produce, entre outras consecuencias, a chuvia ácida e a redución do espesor da capa de ozono da atmosfera.

A deforestación en cifras

Poboación mundial e deforestación acumulada, 1800 a 2010

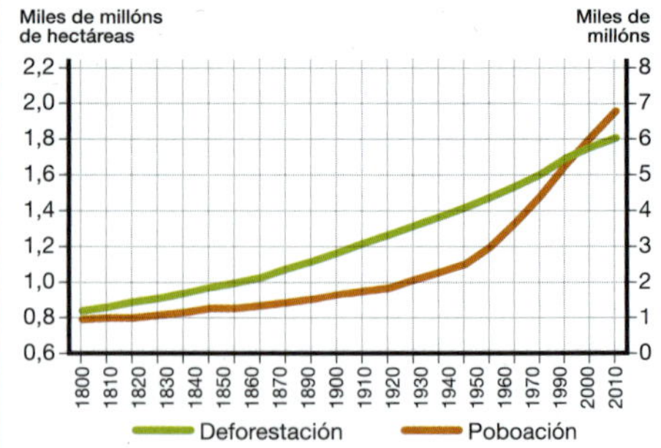

Causas da deforestación na selva tropical (2000-2005)

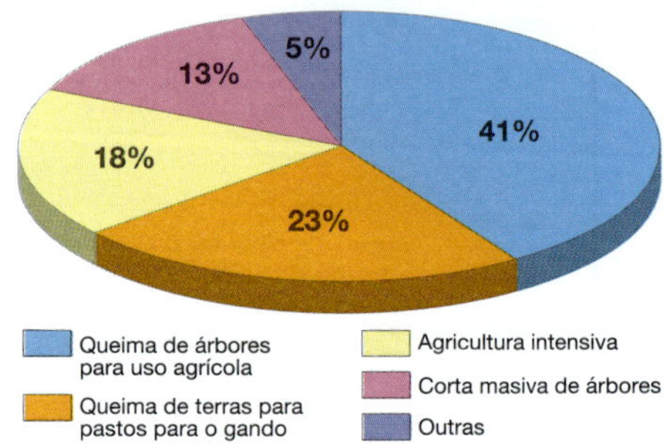

Fonte: FAO.

Avanza en competencias

Organizar información

1 Copia e completa este cadro:

	Problema	Causas
Vexetación		
Auga		
Atmosfera		

Traballar con gráficos

2 Analiza os gráficos superiores e saca conclusións: a que bosques afecta actualmente a deforestación e cales son as súas causas?

Os problemas da auga

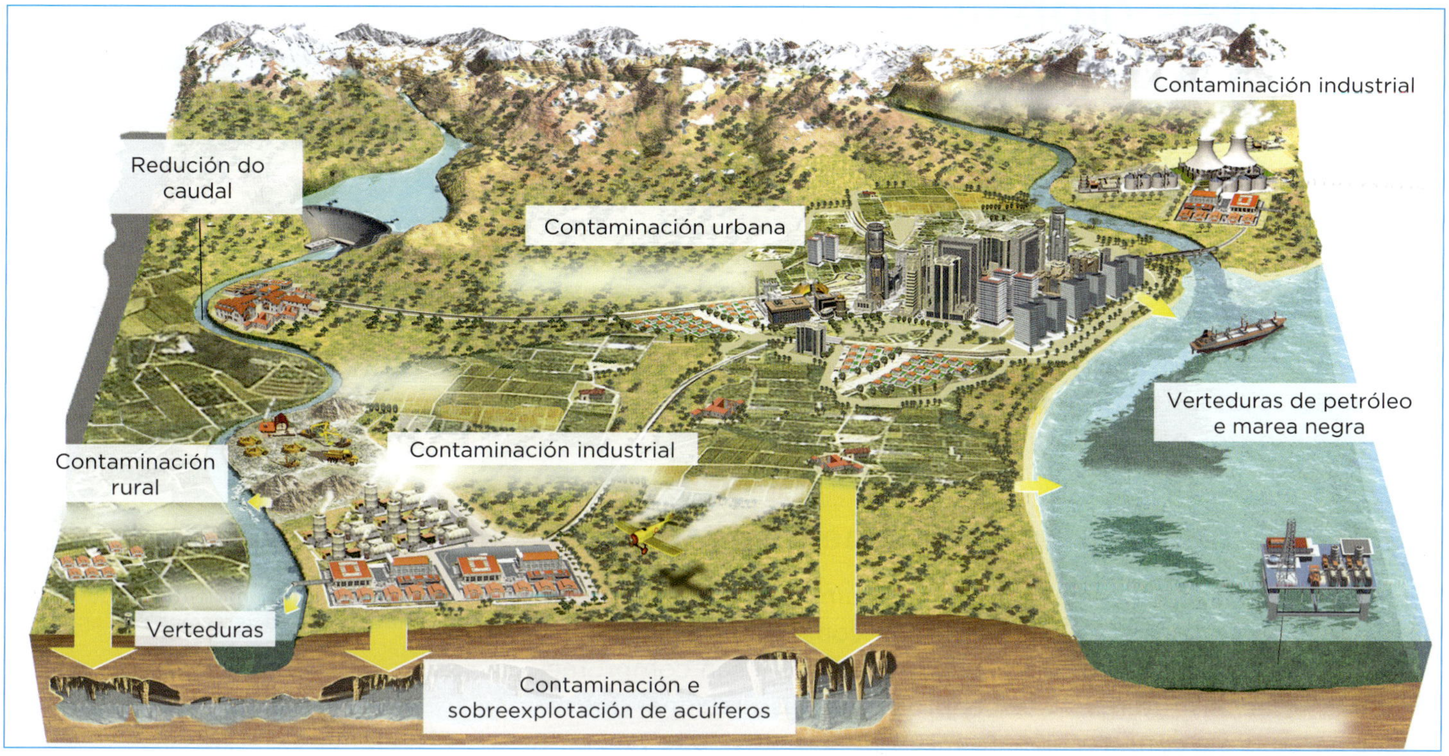

A chuvia ácida e o efecto invernadoiro

Chuvia ácida. As emisións de óxido de xofre e de nitróxeno polas industrias e as centrais térmicas **(A)** mestúranse co vapor de auga da atmosfera **(B)** e convértense en ácidos, que caen á superficie terrestre coas precipitacións **(C)**. As correntes atmosféricas poden arrastrar estas partículas contaminantes ata centos de quilómetros.

Efecto invernadoiro. Arredor do 30 % da enerxía solar é reflectida pola atmosfera terrestre (1). O resto penetra na Terra **(2)**, onde en parte se reflicte **(3)** e en parte quenta a superficie terrestre.

A Terra quente emite radiación infravermella **(4)** que é absorbida e remitida en parte polo CO_2 e outros gases da atmosfera **(5)**. Con iso, contribúe a regular a temperatura da Terra. O aumento de gases con efecto invernadoiro, provocado polas actividades humanas, fai que a calor absorbida sexa maior, provocando así un aumento da temperatura global da Terra.

Participar na aprendizaxe

3 Selecciona un problema ambiental e amplía a información sobre el utilizando fontes escritas, visuais, gráficas ou estatísticas.

5 As solucións aos problemas ambientais globais

5.1 A ONU e os cumios da Terra

A gravidade dos problemas ambientais levou a ONU a promover diversas conferencias internacionais sobre o medio.

A primeira que abordou a súa defensa de forma global e sistemática foi o **Cumio da Terra de Estocolmo**, celebrada en 1972. Dende entón celebráronse outros cumios. Nelas estableceuse o principio do **desenvolvemento sostible**; impulsáronse **acordos internacionais**; e sentáronse as bases do **Dereito Ambiental Internacional**. Ademais, creáronse **espazos naturais protexidos** a nivel mundial.

5.2 O principio do desenvolvemento sostible

O principio do desenvolvemento sostible asumiuse no **Cumio da Terra de Río de Xaneiro** (1992). Consiste en conseguir o crecemento económico e o benestar social da poboación actual sen comprometer o das xeracións futuras. Para iso, promove o uso racional dos recursos naturais e a conservación do medio.

As **políticas** que os Estados deben adoptar para aplicalo son non usar recursos renovables a un ritmo superior ao da súa xeración; non consumir recursos non-renovables a máis velocidade da necesaria para substituílos por outros renovables; e non producir contaminantes a máis ritmo do necesario para a súa reciclaxe, ou absorción polo medio.

5.3 Os acordos e o dereito internacional

- Os **acordos internacionais** dirixíronse a frear o cambio climático **(Protocolo de Kyoto);** a evitar a redución do espesor da capa de ozono **(Protocolo de Montreal)** e a chuvia ácida **(Convenio de Xenebra);** a protexer as brañas **(Convenio Ramsar)** e a loitar contra a desertización **(Convenio da Loita contra a Desertización).**
- O **Dereito Internacional Ambiental** estableceu regras que deben adoptar os Estados. Entre elas, aproveitar os seus recursos sen danar o medio dos demais; loitar contra os problemas ambientais comúns, e aplicar o dereito internacional ambiental.

5.4 A creación de espazos naturais protexidos

Para a protección de espazos naturais a nivel mundial, a UNESCO creou en 1976 a **Rede Mundial de Reservas da Biosfera**.

Inclúe ecosistemas terrestres, costeiros, mariños, ou unha combinación destes. Neles, seguindo o principio do desenvolvemento sostible, harmonízase a preservación de ámbitos naturais únicos coa presenza humana e a obtención de rendementos económicos.

Desenvolvemento sostible

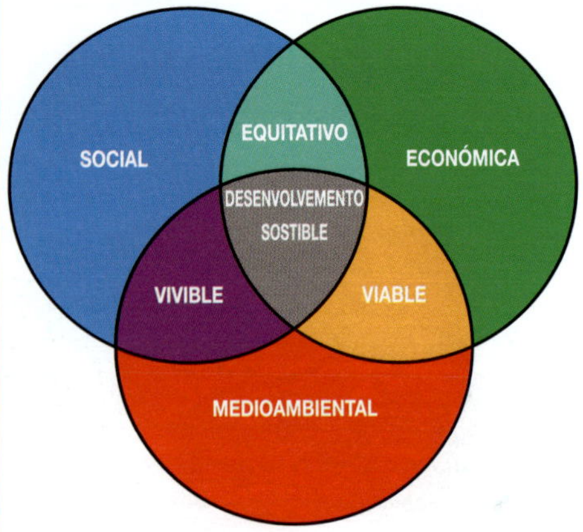

O desenvolvemento sostible ten **tres dimensións**: **social** (un benestar equitativo); **económica** (unha actividade económica viable) e **ambiental** (un mundo habitable para as xeracións presentes e futuras).

Avanza en competencias

Organizar información

1 Realiza un esquema ou un mapa conceptual sobre os contidos desta epígrafe.

Utilizar as TIC

2 Accede a esta web sobre o Protocolo de Kyoto e precisa as súas claves: http://www.stecyl.es/sociopolitica/Protocolo_Kioto.htm.

3 Busca información doutro acordo internacional sobre problemas ambientais.

Debe conter datos sobre estes aspectos: a) Cando se asinou; b) Cantos países o subscribiron; c) Compromisos adquiridos; d) Grao de cumprimento.

Os Cumios da Terra

- **Nome**: Conferencias de Nacións Unidas sobre o Medio e o Desenvolvemento.
- **Primeiro cumio:** Estocolmo, 1972.
- **Último cumio**: Brasil, 2012.

  O último cumio, **Rio+20**, finalizou coa aprobación dun tímido plan para avanzar cara a unha «economía verde», frear a degradación do medio, e combater a pobreza.

  Este cumio, o maior na historia da ONU, reuniu durante 10 días líderes e representantes de 191 países. Pasaran 20 anos desde o histórico Cumio da Terra de 1992, celebrada en Río de Xaneiro.

As Reservas da Biosfera (2014)

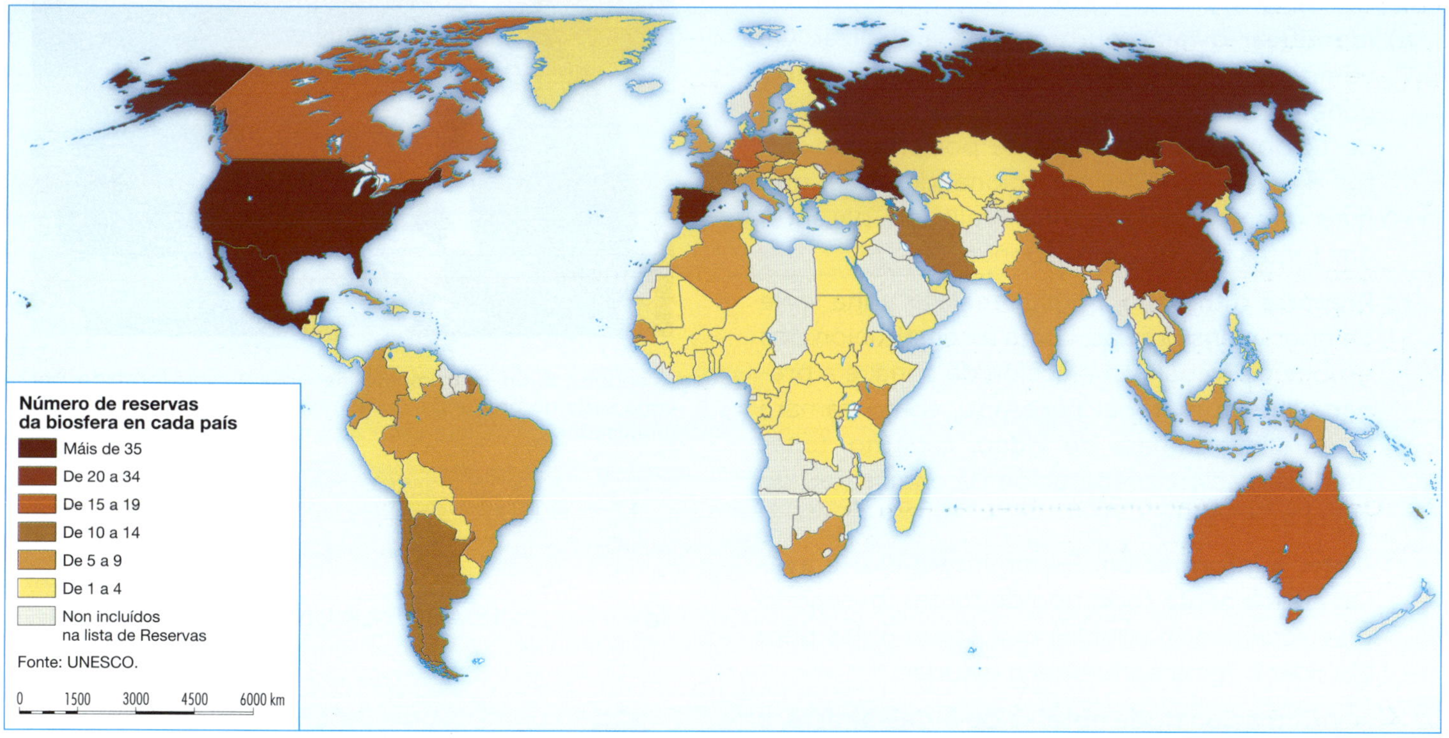

▲ En 2014 existían un total de 631. **Reservas da Biosfera**, estendidas por 119 países.

Traballar con mapas

4 Nomea tres países con máis de 35 Reservas da Biosfera e tres con menos de cinco.

Investigar un tema ambiental

Para que investigar?

A Xeografía interésase por temas moi variados. E entre eles inclúese a investigación de temas ambientais. Esta permite construír coñecementos a través de prácticas de campo ou analizando materiais de estudo xa elaborados, como noticias de prensa, e páxinas web de institucións, organismos oficiais e ONGs.

A investigación ambiental contribúe á aprendizaxe activa, xa que os participantes comparten ideas e experiencias. Tamén fomenta o seu pensamento crítico, e permite a aprendizaxe de conceptos e o desenvolvemento de novas habilidades cognitivas.

Que pasos hai que seguir para investigar un tema ambiental?

Os pasos a seguir para investigar un tema ou problema ambiental son os propios de calquera investigación. En síntese, serían os seguintes:

a) **Identificar o tema** ou problema a analizar. Os compoñentes do grupo deben levar a cabo unha tormenta ou chuvia de ideas. A traves deste obterase unha lista de posibles proxectos de investigación, seleccionando aquel que máis interese ou sexa máis realizable partindo das fontes das que se dispoñen.

b) **Preparar o traballo.** Implica realizar unha serie de operacións previas, como a constitución dos grupos de traballo; a elección da zona; e a preparación do material necesario, como cámara fotográfica, cámara de vídeo, caderno, follas de observación, preparación da enquisa ou do cuestionario, etc.

c) **Obter a información.** Supón interpretar e avaliar criticamente todo tipo de fontes, buscando e seleccionando aquelas que sexan útiles para abordar o tema ambiental a estudar.

A información pode obterse de forma directa, a través dun traballo de campo, utilizando fichas de observación, fotografías, vídeos, enquisas (A), entrevistas e cuestionarios; ou a partir de fontes secundarias.

d) **Interpretar os datos** da investigación. Consiste en sacar as conclusións pertinentes a partir dos datos solicitados.

e) **Comunicar os resultados e propoñer solucións.** Pode facerse de varias formas. Por exemplo, a través de gráficas e estatísticas; por medio dun traballo monográfico ou dun informe (B); a través dun póster; etc.

As solucións propostas deben ser fundamentadas e basearse en argumentos. Non se trata, polo tanto, de reproducir datos, senón de buscar respostas, elaborar razoamentos, e expoñer unha interpretación persoal do tema ou problema formulado.

Enquisa

A enquisa é un instrumento de observación formado por unha serie de preguntas cuxas respostas son anotadas polo enquisador.

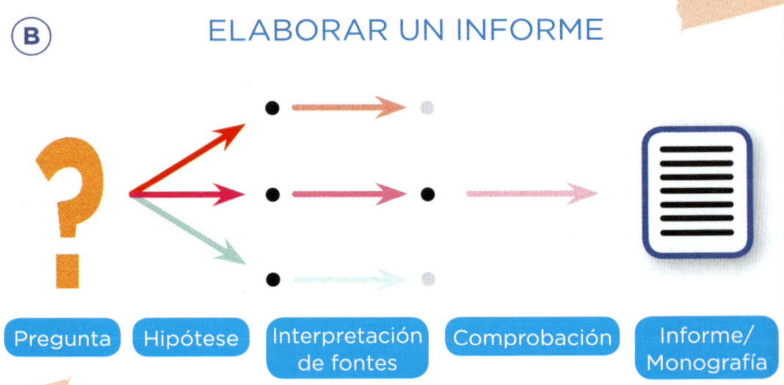

Realizamos un traballo de campo

O traballo de campo é un modo de investigación cualitativa polo que obtemos e rexistramos datos de forma directa.

- **Identificación do tema.** Localización dos colectores de residuos sólidos urbanos (RSU) e nova distribución.
- **Preparación do traballo.** Para que sexa máis operativo, decidimos dividirnos en grupos compostos por catro alumnos ou alumnas, e asignar a cada grupo unha zona da cidade a estudar.

  Cada grupo irá provisto dun plano da cidade ou do barrio asignado e de follas de observación coma esta.

Colectores	nº de unidades	Localización
Lixo		
Vidro		
Papel e cartón		
Latas, cartón e envases plásticos		
Pilas		
Outros		

  Tamén levará unha cámara fotográfica, coa que tomarán imaxes dos impactos ambientais considerados máis rechamantes ou máis graves.

- **Obtención da información.**

  Os participantes percorrerán a zona asignada, enchendo as follas de observación e facendo fotografías.
- **Interpretación e comunicación dos resultados.** Cada grupo tabulará nunha folla rexistro os datos obtidos, que acompañará de comentarios e fotografías.
- **Proposta de solucións.** Por último, realizarase un informe. Nel describiranse os problemas observados, as súas causas e consecuencias e as propostas de solución, que se farán chegar ao servizo municipal responsable.

emprender aprender

Pon en práctica

1 Practica a técnica investigando sobre algún destes temas:

a) Os xardíns urbanos. Situación actual e propostas de futuro.

b) A calidade dos servizos de auga potable.

c) A percepción do cambio climático e do quentamento global.

d) Avaliación do impacto ambiental das actividades humanas no municipio.

2 Acude ao teu concello e infórmate sobre como se xestionan os residuos sólidos urbanos (RSU) no teu municipio.

Tipo de tratamento dos residuos en España en 2012

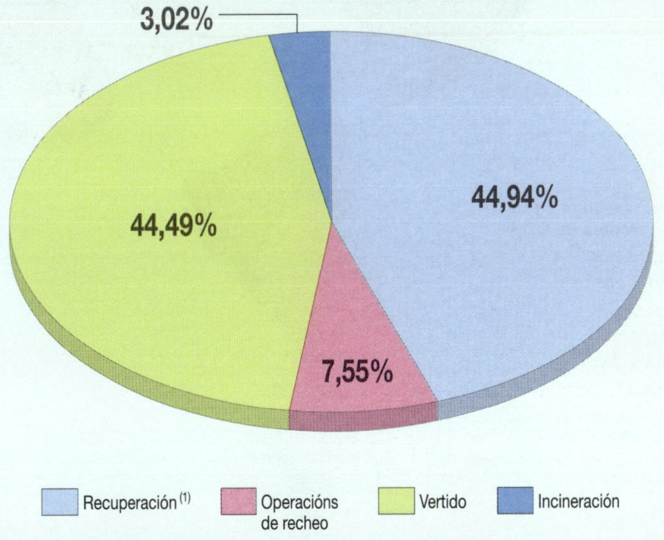

Total de residuos tratados en España en 2012: 108475037 toneladas

Comproba a túa aprendizaxe

1 Escribe unha relación de recursos que obtemos da natureza.

2 Explica que diferenza existe entre estas parellas de conceptos: contaminación e sobreexplotación; erosión e desertización do solo; corremento e desprendemento.

3 Relaciona os seguintes termos cun ou con varios problemas ambientais: verteduras agrarias, minas, marea negra, emisións de CO_2, verteduras industriais, tráfico.

4 O mapa inferior recolle as emisións de CO_2 á atmosfera. Cales son os países que máis contaminan? E os que menos? Que outros problemas afectan á atmosfera e en que consisten? Explícaos de forma breve.

5 Escribe unha medida preventiva para cada un destes riscos ambientais: deforestación, contaminación da auga, quentamento global.

6 Contesta a estes interrogantes:

a) En que consiste o principio de desenvolvemento sostible?

b) Que políticas deben aplicar os estados para aplicalo?

c) Que relación existe entre o desenvolvemento sostible, os Cumios da Terra e a Rede Mundial de Reservas da Biosfera?

WORLD SUMMIT ON SUSTAINABLE DEVELOPMENT • JOHANNESBURG 2002

MaB

7 Emite unha opinión persoal contestando a esta pregunta: por que é importante a protección dos espazos naturais?

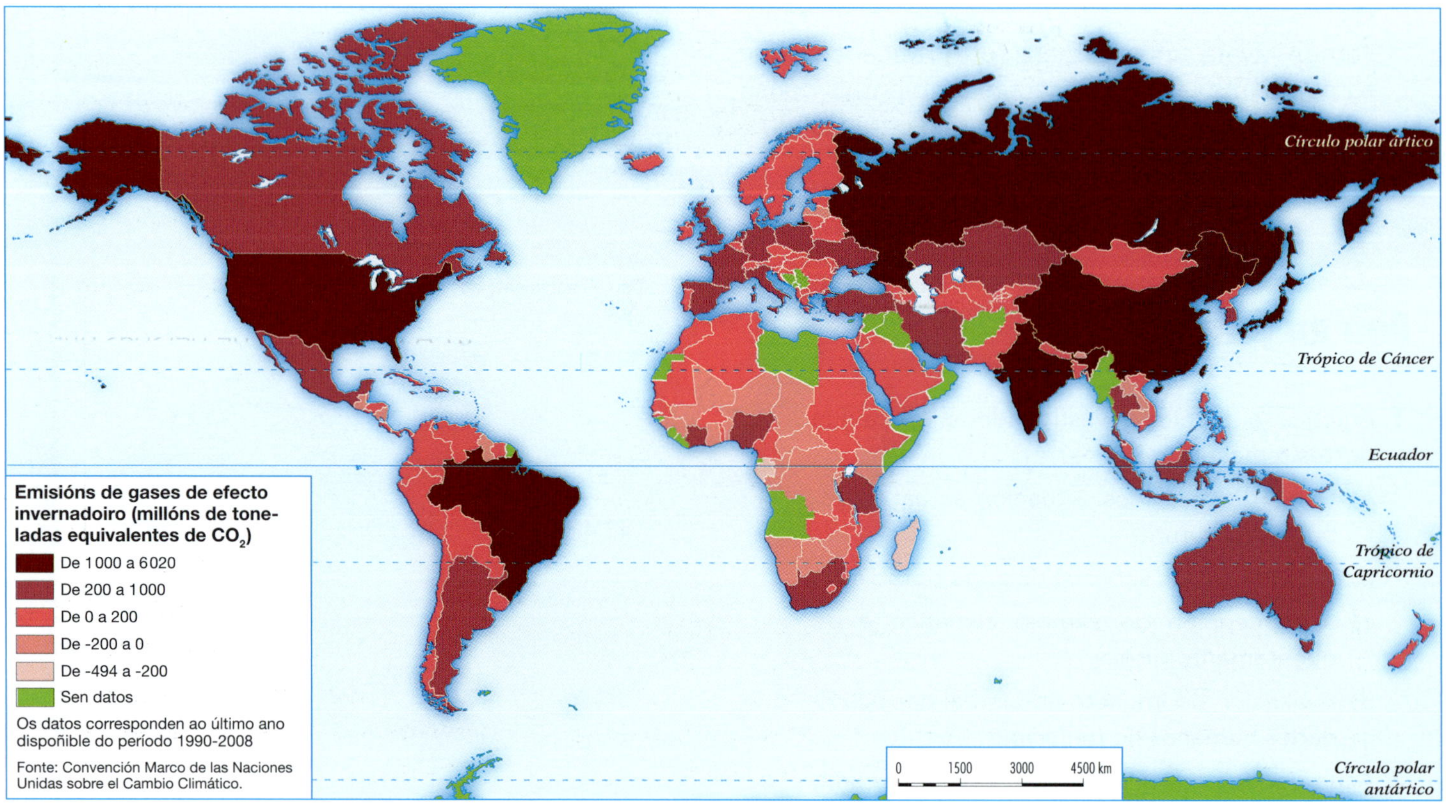

Emisións de gases de efecto invernadoiro (millóns de toneladas equivalentes de CO_2)

- De 1 000 a 6 020
- De 200 a 1 000
- De 0 a 200
- De -200 a 0
- De -494 a -200
- Sen datos

Os datos corresponden ao último ano dispoñible do período 1990-2008

Fonte: Convención Marco de las Naciones Unidas sobre el Cambio Climático.

Comproba as túas competencias

1 600 millóns de persoas dependen dos bosques para vivir

Ao redor de 1600 millóns de persoas necesitan os bosques para obter alimento, combustible, acubillo e ingresos; mentres que tres cuartas partes da auga doce do planeta provén das concas forestais. O secretario xeral da ONU fixo estas afirmacións nunha mensaxe difundida con motivo do Día Internacional dos Bosques, que se celebra o 21 de marzo. Os bosques, sinala, evitan os desprendementos de terras e a erosión e, no caso dos manglares, reducen as mortes e os danos causados polos tsunamis.

Por outro lado, a FAO (Organización das Nacións Unidas para a Alimentación e a Agricultura) apunta tamén que estes ecosistemas son determinantes na adaptación ao cambio climático, porque axudan a asegurar a dispoñibilidade de auga, protexen contra o corremento de terras, preveñen a desertización e proporciónanlle ás persoas medios de subsistencia alternativos.

A FAO, despois de actualizar nunha nova base de datos toda a información sobre a cuberta vexetal do planeta, subliña que o 27,7 % da superficie terrestre está cuberta por árbores.

lainformación.com 21/03/15 (Modificado)

A pesar do valor ecolóxico, económico e social dos bosques, o secretario xeral da ONU lamenta que a deforestación en todo o mundo «prosegue a un ritmo alarmante», xa que anualmente se destrúen uns 13,5 millóns de hectáreas forestais.

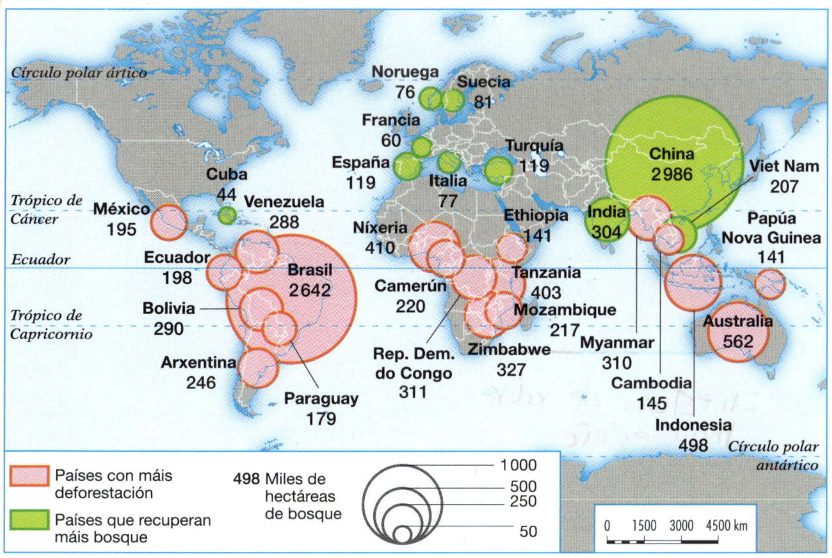

A base de datos da FAO

Inclúe 11 tipos de cuberta terrestre mundial: árbores (27,7%), chans nus (15,2%), pastos (13%), terras de cultivo (12,6%), neve e glaciares (9,7%), arbustos (9,5%), vexetación escasa (7,7%), masas de auga continentais (2,6%), vexetación herbácea (1,3%), superficies artificiais (0,6%) e manglares (0,1%).

1 Da seguinte lista, que beneficios directos ou indirectos nos porporcionan os bosques? Para contestar, completa o cadro resumo no teu caderno.

- Madeira para quentarse e construír vivendas
- Regulación do microclima
- Produtos forestais non madeireiros
- Control da erosión
- Alimentos silvestres
- Protección de concas
- Paisaxísticos e estéticos
- Ingresos e medios de subsistencia
- Adaptación ao cambio climático

DIRECTOS	INDIRECTOS
Madeira para quentarse e construír casas	Protección de concas
Alimentos silvestres	Control da erosión
Produtos forestais	Regulación do microclima
Ingresos e medios de subsistencia	Adaptación ao cambio climático
	Paisaxísticos e estéticos

2 Cos datos dispoñibles, calcula:

a) A porcentaxe de persoas que necesitan os bosques sobre a poboación total da Terra (7 238 millóns en 2014).

b) A porcentaxe de cuberta terrestre mundial que non está ocupada por vexetación e cultivos.

c) O número de hectáreas forestais que se destrúen diariamente.

3 En que latitudes da Terra están desaparecendo máis rapidamente os bosques?

7

A Prehistoria

Inicia unha nova aprendizaxe

Nesta unidade analizaremos a evolución dos modos de vida na Prehistoria, unha etapa histórica caracterizada pola ausencia de documentos escritos.

Na Prehistoria xurdiron sobre a Terra os primeiros antepasados da especie humana, que evolucionou a través dun proceso coñecido como hominización.

Neste amplísimo período de tempo producíronse tamén importantes cambios culturais. Por exemplo, descubríronse a fabricación de ferramentas, o lume, a agricultura, a gandería e a metalurxia; realizáronse as primeiras manifestacións artísticas; inventáronse a cerámica, o arado, a roda e a vela; e a humanidade pasou de vivir en covas a habitar en aldeas e poboados.

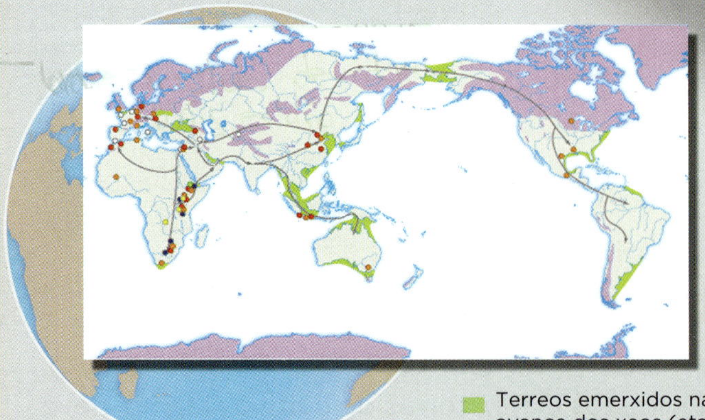

- Terreos emerxidos nas etapas de avance dos xeos (etapas glaciais)
- Superficie continental cuberta por xeo durante os períodos glaciais
- → Rutas de expansión do *Homo sapiens*
- *Ardipithecus*
- *Australopithecus*
- *Homo habilis*
- *Homo erectus*
- *Homo neardenthalensis*
- *Homo sapiens*

200000 a. C. | 35000 a. C. | 10000 a. C. | 4500 a. C. | 1000 a. C.

MEDIO | SUPERIOR | NEOLÍTICO | IDADE DOS METAIS

10000 a. C.
Invención da cerámica

3100-1600 a. C.
Construción do crómlech de Stonehenge

10000 a. C.
Aparición da agricultura, a gandería e a vida sedentaria

3500 a. C.
Invención da roda

6000 a. C.
Xurdiron os primeiros poboados

4500 a. C.
Aparición da metalurxia

4000 a. C.
Invención da vela

Xoga co tempo

1 No eixe cronolóxico sinaláronse tres etapas históricas. Calcula a duración de cada unha delas.

2 Analiza a ilustración, e contesta: algunhas especies humanas coincidiron no tempo? Cales?

3 Nomea a primeira especie humana que: a) fabricou instrumentos; b) utilizou o lume; c) enterrou os seus mortos; d) realizou manifestacións artísticas.

4 Comproba no eixe e anota en que etapa histórica se produciu:

a) O descubrimento do lume.

b) O inicio da agricultura e da gandería.

c) A invención da cerámica, a metalurxia, a roda e a vela.

d) O inicio da pintura e da arquitectura.

e) As primeiras cidades.

5 En parellas, coa axuda da ilustración, facede un informe sobre o proceso de hominización.

1 As idades e as fontes da Prehistoria

1.1 O tempo e a ciencia histórica

A historia é a ciencia que estuda o pasado da humanidade. Para iso, analiza as civilizacións que se sucederon no tempo nos seus aspectos políticos, económicos, sociais, culturais e artísticos.

Para facilitar o seu estudo, os historiadores dividen o tempo histórico en períodos de duración variable, separados entre si por acontecementos destacados. Os máis utilizados son as etapas e as idades.

- As **etapas** son dúas, a Prehistoria e a Historia propiamente dita, separadas pola invención da escritura, cara ao ano 3250 a. C.
- As **idades** son períodos de tempo máis curtos dentro da Prehistoria e da Historia. Son a Idade de Pedra e a Idade dos Metais, na Prehistoria; e as Idades Antiga, Media, Moderna e Contemporánea, na Historia.

1.2 A división da Prehistoria

A Prehistoria abrangue o tempo transcorrido entre a aparición dos primeiros homínidos, hai uns 4,4 millóns de anos, e a invención da escritura, cara ao 3250 a. C. Este extenso período de tempo adóitase subdividir, á súa vez, en dúas grandes idades, segundo o material principal co que os seres humanos fabricaron os seus instrumentos:

- A **Idade de Pedra.** Comprende dous períodos: o **Paleolítico** (4,4 millóns de anos-10000 a. C.), e o **Neolítico** (10000-4500 a. C.). Nalgún momento do Paleolítico, hai uns 2,5 millóns de anos, xurdiu a técnica máis antiga para fabricar instrumentos de pedra, a talla, que consistía en golpear unha pedra contra outra ata conseguir un canto afiado. No Neolítico perfeccionouse a talla co pulido, que permitía alisar a superficie e os bordos dos utensilios de pedra e facelos máis cortantes.
- A **Idade dos Metais** (4500-1000 a. C.). Iniciouse cando os seres humanos comezaron a fabricar instrumentos de metal. Nela distínguense tres períodos segundo o metal utilizado: primeiro o cobre; despois o bronce; e, máis tarde, o ferro.

1.3 As fontes da Prehistoria

Na Prehistoria non existen documentos escritos. Polo tanto, para coñecer os feitos deste período, os prehistoriadores utilizan como fontes os restos materiais e humanos (ósos, instrumentos, cerámica, etc.) deixados polo ser humano primitivo, e as plantas e os animais da súa época.

Estes restos, na súa maioría, encóntranse enterrados. Para localizalos e sacalos á luz, os prehistoriadores teñen que realizar lentas e custosas **escavacións arqueolóxicas.** Nelas levantan as capas do terreo para retroceder no tempo, e anotan e datan cada resto que encontran.

A historia universal

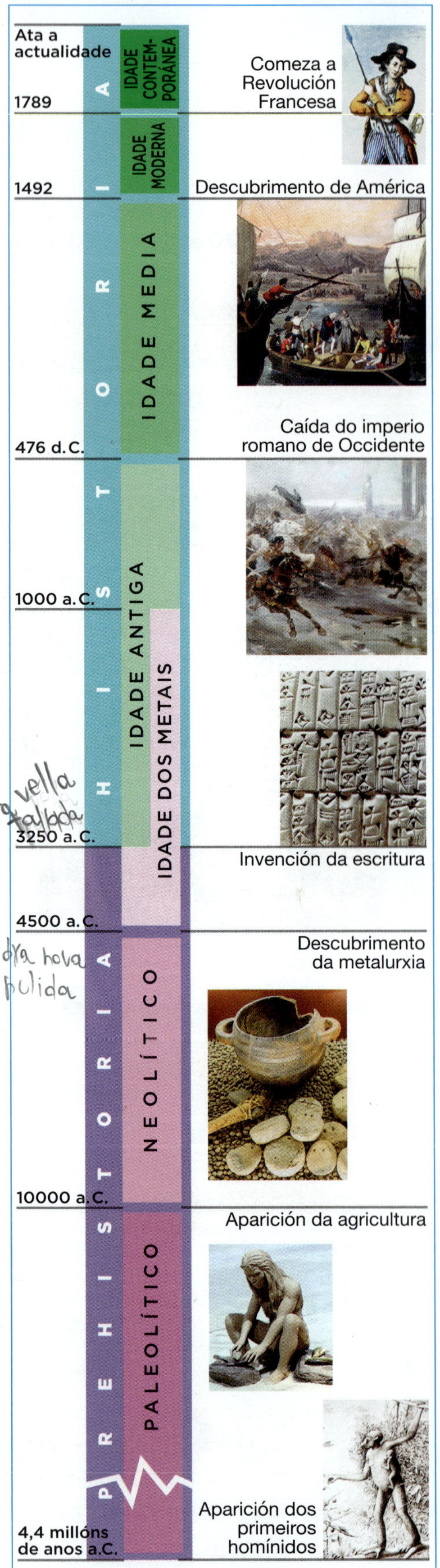

A invención da escritura e o paso á historia tivo lugar nalgunhas civilizacións fluviais cara o 3250 a. C.
O resto permaneceron na Prehistoria aproximadamente ata o ano 1000 a.C.

Como len o pasado os arqueólogos

Pódense distinguir varias fases:

A División do terreo en cuadrículas.

B Escavación do terreo.

C Confección dunha ficha de cada obxecto encontrado, indicando o seu número, as coordenadas do lugar e unha descrición.

D Datación dos restos, segundo a antigüidade do estrato. Os inferiores son máis antigos que os superiores.

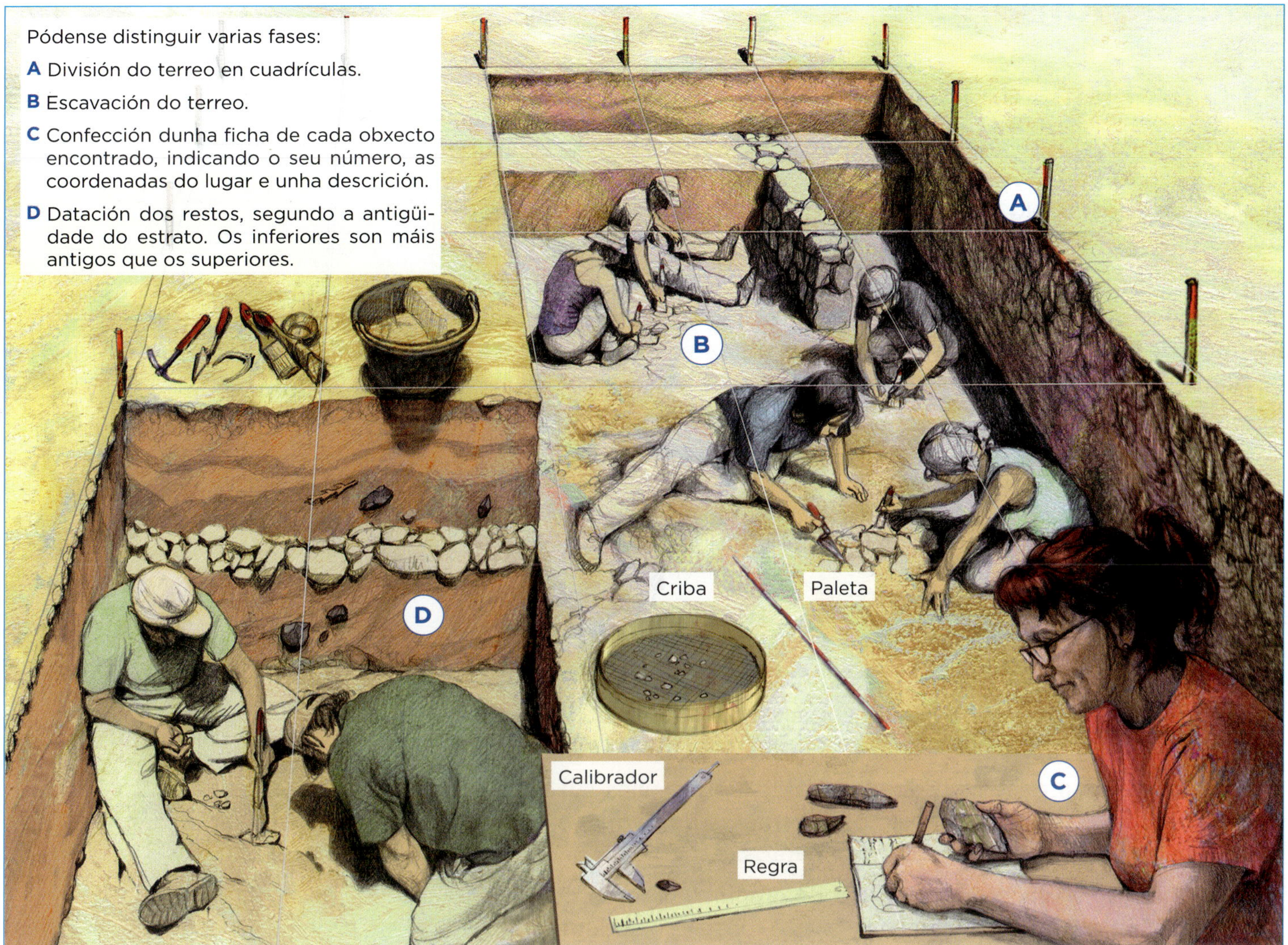

Os restos arqueolóxicos son estudados por diversos especialistas, como paleontólogos, antropólogos, prehistoriadores e arqueólogos. Estes últimos utilizan **ferramentas** moi variadas. Entre outras, a paleta, para sacar a terra con coidado; o calibrador, para medir os achados de pequeno tamaño; a regra, que se coloca preto dos obxectos ao fotografalos para mostrar o seu tamaño real; a criba, para revisar a terra, etc.

Avanza en competencias

Obter información

1 Que acontecemento separa a Prehistoria da Historia? Cando tivo lugar? Por que che parece importante?

Resolver problemas

2 Cantos anos pasaron desde a aparición dos primeiros homínidos ata a invención da escritura? E desde a aparición da escritura ata a actualidade?

3 Axúdate da liña do tempo: que etapas históricas teñen, respectivamente, maior e menor duración? Que acontecementos significativos separan unhas idades doutras?

Comprender a realidade histórica

4 Estas datas corresponden a distintas etapas da Prehistoria: a) 2500 a. C.; b) 6000 a. C.; c) 1500000 a. C.

— Ordénaas de maior a menor antigüidade.

— Relaciona cada unha delas cun período da Prehistoria e cun material para a fabricación de instrumentos.

Traballar con imaxes

5 Observa o debuxo D da escavación arqueolóxica. Que obxectos serían máis antigos, os superiores ou os inferiores? Por que?

2 A orixe e a evolución do ser humano

2.1 O problema da nosa orixe

Durante séculos creuse que o ser humano xurdira sobre a Terra co seu aspecto actual. Pero nos nosos días, os científicos aceptan a teoría da evolución, exposta polo científico británico Charles Darwin a finais do século XIX.

Segundo esta teoría, o ser humano é unha evolución dos primates, unha especie de mamíferos que apareceu hai uns 65 millóns de anos. Hai máis de 5 millóns de anos, a partir dos primates diferenciáronse os **homínidos,** que inclúen o ser humano actual e os seus antepasados; e os grandes simios, como o chimpancé e o gorila.

2.2 Os trazos homínidos

Os homínidos diferenciáronse do resto de grandes simios por un conxunto de **cambios biolóxicos:**

- O **modo de camiñar bípede.** Os homínidos dan pasos firmes e grandes zancadas ao camiñar, debido á posición da súa cadeira e ao ensanchamento da pelve.

  O bipedismo e a posición ergueita liberaron as mans da función de camiñar, permitindo usalas e fabricar ferramentas.
- O **polgar da man** desenvolvido e opoñible. Permitiulles suxeitar e manipular doadamente os obxectos, mesmo os de pequeno tamaño, e mellorar a elaboración de instrumentos.
- O **aumento do tamaño do cerebro e do cranio.** Incrementou a súa intelixencia e posibilitoulles pensar, falar e formar sociedades cada vez máis complexas.

2.3 A evolución humana e as súas etapas

Os homínidos adquiriron os seus trazos propios nun longo período de evolución. Este proceso, denominado **proceso de hominización,** comezou en África nunha data imprecisa que os prehistoriadores sitúan entre os 4,4 e os 7 millóns de anos.

A causa puido ser un cambio climático, que provocou o paso dun medio tropical húmido, con bosques, a outro de sabana, máis seco e desarborado. Con iso, certos primates, que ata entón vivían nas árbores e se alimentaban sobre todo de vexetais tiveron que descender ao chan e buscar novos alimentos.

Os homínidos máis antigos viviron en África e parecíanse aos simios. Entre eles encóntranse os pertencentes aos xéneros ***Ardipithecus,*** quizais os primeiros que camiñaron ergueitos; e os ***Australopithecus,*** que foron os primeiros en utilizar instrumentos, aínda que non os fabricaban.

Os homínidos posteriores pertencentes ao ***xénero Homo,*** considéranse xa propiamente humanos polo seu aspecto e pola súa capacidade para fabricar instrumentos.

Avanza en competencias

Obter información

1 Que trazos diferencian os homínidos dos grandes simios? Obtén do texto a resposta con axuda destas imaxes.

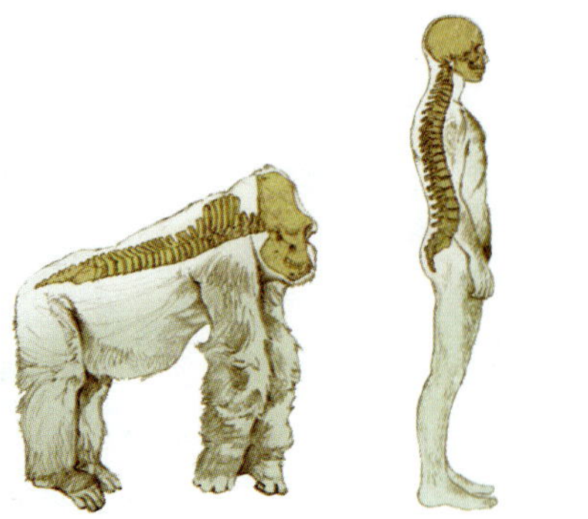

Comprender o espazo

2 En que continente se iniciou o proceso de hominización?

3 Que homínidos viviron só en África?

4 Cal foi o homínido máis antigo que saíu do continente africano?

Planificar un traballo

5 Infórmate sobre a teoría da evolución. Despois, redacta un texto expoñendo as súas formulacións.

A árbore da evolución humana

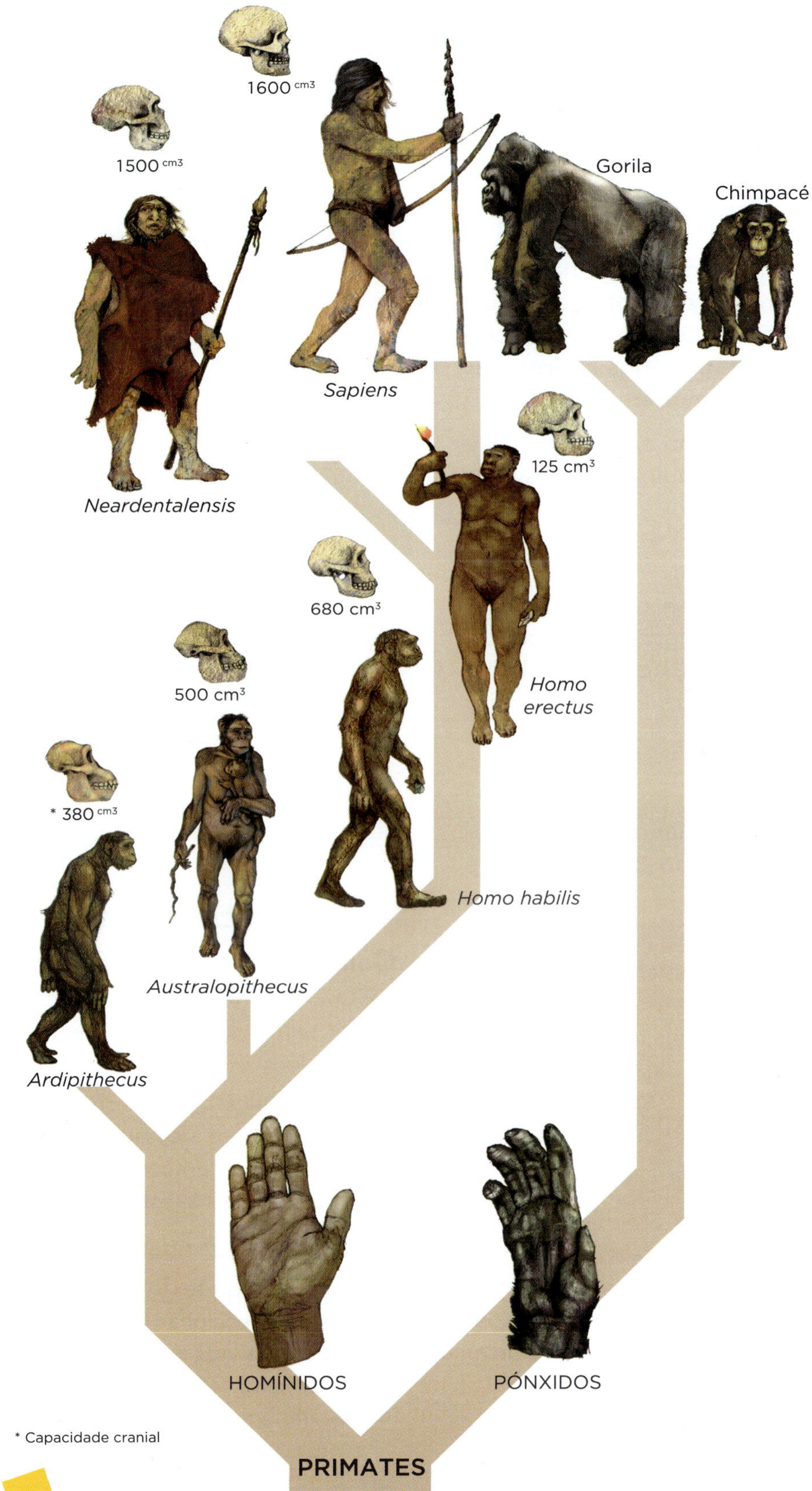

* Capacidade cranial

Homo sapiens

Cronoloxía: 195 000 anos.

Características: fabricaba instrumentos en pedra e óso. Realizou as primeiras manifestacións artísticas.

Situación xeográfica: xurdiu en África e estendeuse por case todos os continentes.

Homo neanderthalensis

Cronoloxía: entre os 200 000 e os 35 000 anos.

Características: viviu na época glacial e refuxiouse en covas, usaba o lume, fabricaba instrumentos e enterraba os mortos.

Situación xeográfica: Europa.

Homo erectus

Cronoloxía: 1,8 millóns de anos.

Características: utilizaba o lume e fabricaba instrumentos.

Situación xeográfica: África, Asia e Europa, onde os restos máis antigos son de hai 800 000 anos e corresponden *ao Homo antecessor.*

Homo habilis

Cronoloxía: 2,4 millóns de anos.

Características: primeiro representante do xénero *Homo* considerado xa humano. Primeiro homínido que fabricou instrumentos.

Situación xeográfica: África.

Australopithecus

Cronoloxía: 4,2 millóns de anos.

Características: marcha bípede e ergueita. Utilizaba instrumentos, como paus ou pedras, para escarvar raíces ou esgazar animais; pero non os fabricaba.

Situación xeográfica: sur de África.

Ardipithecus

Cronoloxía: 4,4 millóns de anos.

Características: segundo os seus descubridores, andaba ergueito; ao ter o dedo gordo do pé opoñible, non podería percorrer grandes distancias, pero si trepar e agarrarse ás ramas das árbores. Alimentábase de froitos, follas e talos.

Situación xeográfica: leste de África.

Comprender a realidade histórica.

6 Observa a imaxe e explica o proceso de hominización.

3 A vida no Paleolítico (I)

O Paleolítico abrangue desde a aparición dos primeiros homínidos, hai uns **4,4 millóns de anos,** ata o descubrimento da agricultura e a gandería, no **10000 a. C.**

3.1 A vida cotiá dos pobos cazadores

Os primeiros humanos habitaron en África, en zonas de clima cálido. Pero, ao estenderse por Europa e Asia, tiveron que adaptarse á alternancia de períodos glaciares, de clima moi frío e nos que o xeo cubría de forma permanente extensos territorios, con períodos interglaciares, de clima máis benigno e temperaturas máis moderadas.

A vida de homes e mulleres nun medio tan adverso era moi difícil, e a maioría dos seus esforzos centráronse en conseguir alimentos para sobrevivir.

A economía depredadora

A alimentación era depredadora, dado que non se repoñían os recursos tomados da natureza. Baseábase na recolección de froitos, na pesca e na caza de animais, como cervos, renos, bisontes, cabalos e mamuts. Deles obtiñan graxa, tendóns, peles para abrigarse, coiro para o calzado e ósos para elaborar instrumentos.

A vida nómade

O sistema de alimentación obrigou os grupos humanos ao **nomadismo,** é dicir, a desprazarse continuamente seguindo os animais que cazaban.

Durante o **verán** vivían ao aire libre, preto dos ríos e en tendas feitas con peles de animais ou en chozas construídas con troncos e ramas de árbores. Ao chegar o **inverno** refuxiábanse no interior de covas naturais, onde consumían as provisións acumuladas, preparaban as peles que lles servían de abrigo e fabricaban as súas armas e utensilios.

3.2 Achegas tecnolóxicas e inventos

- Os **instrumentos de pedra** realizábanse mediante a técnica da talla. Consistía en golpear unha pedra contra outra para fabricar machados ou bifaces, puntas de frecha e coitelos. Os anacos desprendidos ao golpear as pedras (lascas) utilizábanse como coitelas, raspadores e raspadeiras. Tamén se usaron o óso e a hasta para realizar arpóns, anzois e agullas.
- O **lume,** descuberto hai uns 1,5 millóns de anos, foi un dos principais inventos, xa que permitiu obter luz e calor, utilizar o interior das covas, asustar os animais salvaxes, cociñar os alimentos e secar as peles.

  Ademais, favoreceu as relacións sociais, pois os membros da tribo compartían arredor del as súas actividades cotiás e a repartición das tarefas.

Avanza en competencias

Comprender a realidade histórica

1 Que feitos marcan o inicio e o final do Paleolítico? Cando sucederon?

2 Que significa que a economía do Paleolítico era depredadora? Temos hoxe unha economía depredadora? Razoa a resposta.

Organizar a información

3 Con axuda do texto e das ilustracións, confecciona un cadro resumo sobre a vida no Paleolítico. Debe incluír estas entradas: cronoloxía, economía, achegas e inventos.

Comprender textos

4 Ademais de pedra, que outros materiais se utilizaron para a fabricación de ferramentas no Paleolítico?

A vida dos pobos cazadores e recadadores. A tribo

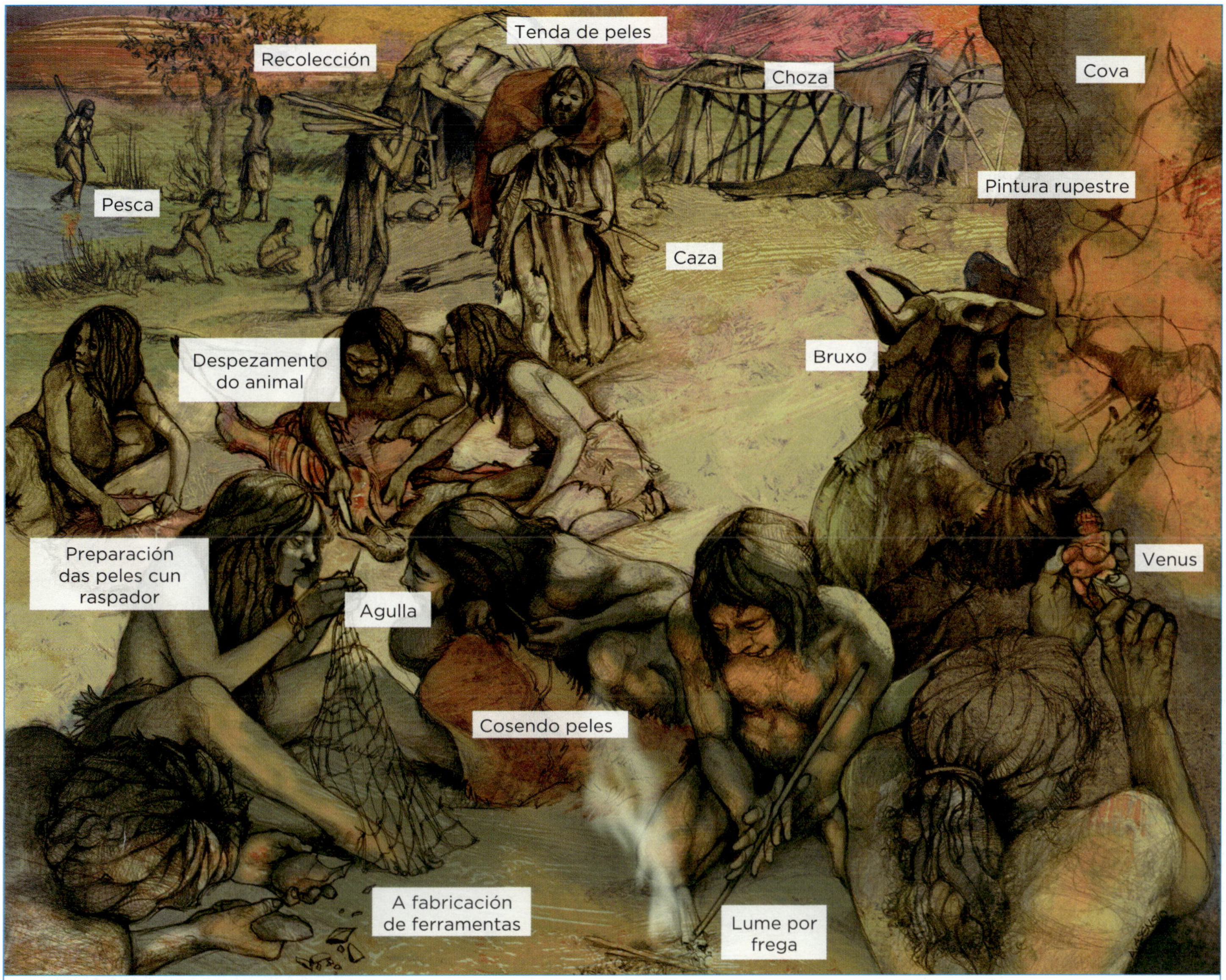

Como se fabricaba unha ferramenta de pedra

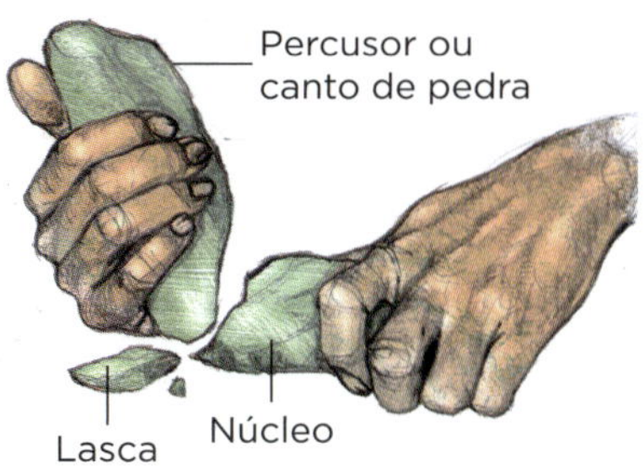

Primeiro. Seleccionar un núcleo de sílex e darlle forma cun canto de pedra.

Segundo. Golpear repetidas veces, ata obter un fío ondulado pero cortante.

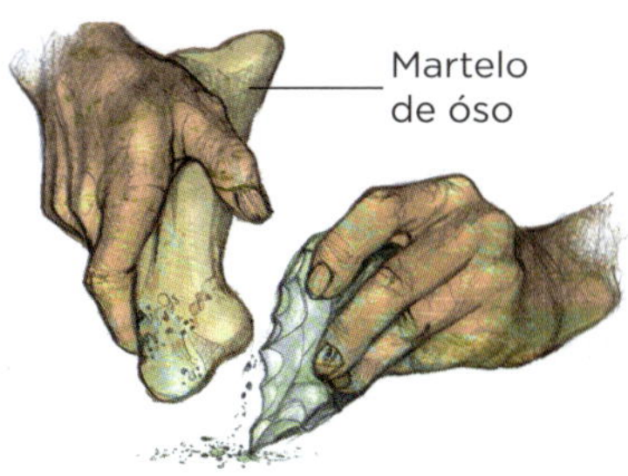

Terceiro. Perfilar as formas da ferramenta utilizando un martelo de óso.

Traballar con imaxes

5 Observa as ilustracións e responde: a) Que actividades realizan os personaxes da ilustración? b) Que tipos de vivendas se aprecian? c) Como se fabricaba unha ferramenta? d) O lume obtíñase por percusión e frega. Descubre en que consiste cada unha. Cal se representa na ilustración?

4 A vida no Paleolítico (II)

4.1 A sociedade tribal

A sociedade paleolítica estaba formada por tribos, compostas por unhas 20 ou 30 persoas unidas entre si por lazos familiares.

Posiblemente, algúns membros da tribo tiveron máis importancia que os demais, como o guerreiro máis forte, o bruxo ou a curandeira. Tamén é posible que o traballo se dividise en función do sexo.

4.2 As crenzas e a vida espiritual

As crenzas relixiosas descoñécense. Pero, suponse, que puideron ter tres manifestacións:

- A **crenza no poder dos elementos da natureza.** Eran considerados superiores e, por iso, temidos e adorados: o Sol, a Lúa, as estrelas, a chuvia, o trono, etc. Tamén creron en espíritos, que influían de forma benéfica ou daniña na vida humana.
- Os **rituais máxicos.** Buscaban influír nas forzas da natureza e nos espíritos, para que os protexesen dos perigos.
- O **culto aos mortos.** Enterrábanse en determinadas posturas, cun enxoval funerario‣ integrado por armas, adornos, amuletos e comida. Isto pode indicar a crenza noutra vida despois da morte.

4.3 O nacemento da arte

As primeiras manifestacións artísticas da humanidade datan do Paleolítico. Son a arte mobiliar e a pintura rupestre.

- A **arte mobiliar** está constituída por obxectos transportables. Están realizados en pedra, óso ou marfil, decorados con relevos e gravados, e ás veces tamén pintados. Entre eles destacan plaquetas de animais recortados; bastóns con gravados, que poderían ser instrumentos de caza ou símbolos de autoridade; armas (propulsores) e colgantes. Tamén se fixeron **venus** ou figuras de muller cos atributos femininos moi desenvolvidos, que poderían indicar un culto á fecundidade.
- A **pintura rupestre** xurdiu a finais do Paleolítico, hai uns 40 000 anos. Realizábase sobre as paredes e o teito do interior das covas, ou en abrigos naturais. A pintura representaba animais (bisontes, cabalos, mamuts, cervos); seres humanos esquemáticos en escenas de caza, guerra ou rituais; e mans, vulvas e símbolos estraños.

  O seu significado descoñécese, aínda que posiblemente estiveron relacionadas con rituais máxicos ou relixiosos.

  En Europa, o 80 % dos exemplos encóntrase en Francia (Lascaux) e na zona cantábrica e levantina da península ibérica. Pero existen restos noutros lugares de Europa (Italia, Romanía, Rusia), en Asia e en África.

As venus paleolíticas

Venus de Willendorf (22000 a 20000 a.C.). Pedra calcaria. 11,1 cm. Museo de Historia Natural de Viena (Austria).

Avanza en competencias

Producir textos

1 Reflexiona, e fai unha relación de posibles traballos masculinos e femininos nunha sociedade tribal.

Comprender textos

2 Le a información correspondente no texto e responde:

a) Que manifestacións poden indicar a crenza nunha vida máis alá da morte?

b) E a existencia dun culto á fertilidade?

Adquirir vocabulario

3 Explica a diferenza entre os termos *mobiliar* e *rupestre*.

Coñecer a arte

4 Comenta a imaxe da venus de Willendorf: cronoloxía, material, anatomía, interpretación, etc.

A pintura parietal ou rupestre

Principais covas

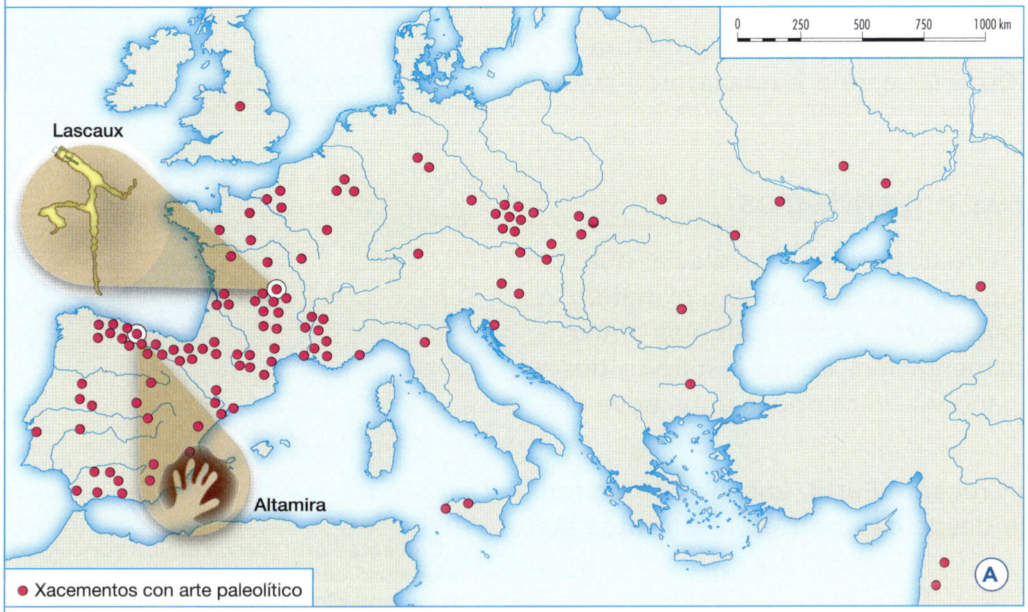

As pinturas paleolíticas, chamadas rupestres, esténdense por Europa desde a península ibérica ata Siberia **(A)**.

Estas pinturas realizáronse nas partes máis profundas de covas, como en Lascaux **(B)**.

Moitas destas pinturas son polícromas, é dicir, están realizadas con varias cores. Estas conséguense mesturando graxa de animal con substancias naturais, como óxido de ferro (vermello), carbón (negro) e terra (ocre).

As cores aplicábanse cos dedos, cun tampón de fibras naturais ou soprando a pintura a través dun óso de ave, como as mans en negativo **(D)**.

Os temas principais eran os animais do seu ámbito, pintados a gran tamaño e con gran realismo, mans e diversos signos **(C), (D), (E)**.

Plano da cova de Lascaux

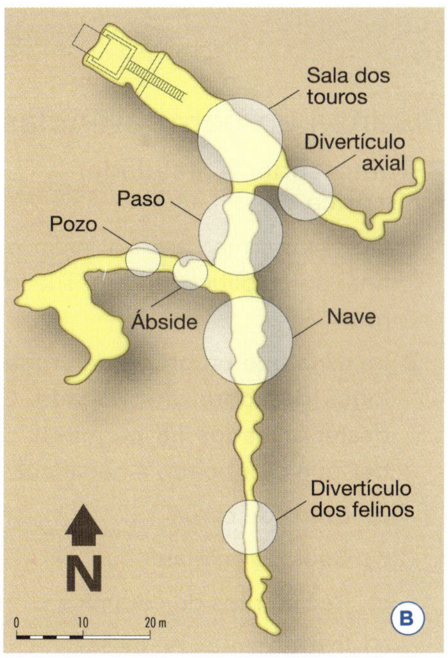

Pinturas rupestres en Altamira

Pintura rupestre na cova de Lascaux

Analizar estilos

5 En que países europeos se concentra a arte rupestre?

6 Comenta as pinturas rupestres das ilustracións: lugar onde se encontran, colorido, tema, forma de representar e posible significado.

5 A vida no Neolítico

O Neolítico xurdiu cara ao **10000 a.C.,** co inicio da agricultura e a gandería, e finalizou cara ao **4500 a.C.,** cando empezaron a traballarse os metais.

5.1 Os pobos agricultores e gandeiros

Hai uns 10 000 anos iniciouse na Terra un período interglaciar que supuxo o aumento gradual das temperaturas e un cambio climático. A humanidade paleolítica tivo que adaptarse a estes cambios ambientais e buscar novas formas de alimentación. Como resultado desta busca xurdiron a agricultura e a gandería, iniciándose unha nova etapa da Prehistoria: o **Neolítico.**

O cambio iniciouse na chamada **Crecente Fértil,** unha rexión en forma de media lúa que se estende desde os ríos Tigre e Éufrates ata o Nilo.

A economía produtora

No Neolítico a economía pasou a ser **produtora.** A **agricultura** naceu ao observar que as sementes que caían ao chan orixinaban co tempo unha nova planta, e baseouse, sobre todo, no cultivo de cereais como trigo e arroz. A **gandería** xurdiu do costume de encerrar animais (ovellas, cabras, porcos e bois) en cercados, para telos como reserva de carne por se escaseaba a caza.

O nacemento da vida sedentaria

Os agricultores e os gandeiros adoptaron un **modo de vida sedentario,** xa que debían permanecer xunto aos seus campos de cultivo e o seu gando. Deste modo xurdiron pequenas **aldeas e poboados** agrícolas, situados nas beiras dos ríos, formados primeiro por cabanas de canas, ramas e barro; e, despois, por casas de pedra ou adobe. Algúns, co tempo, convertéronse en **cidades.**

Tamén xurdiron **oficios diferentes,** pois xunto aos agricultores e gandeiros se estableceron os primeiros artesáns. Estes fabricaban útiles que lles cambiaban por alimentos aos agricultores.

5.2 As novas achegas e inventos

Os **instrumentos** do Neolítico seguiron sendo na súa maioría de pedra. Pero adoptaron unha nova forma de traballala, o **puído,** que eliminaba as rugosidades e a facía máis resistente. Con esta técnica fixéronse novos útiles necesarios para realizar as tarefas agrícolas, como aixadas para cavar a terra, fouces para segar os cereais e muíños de man para moer o gran.

Os **inventos** principais deste período foron a cerámica e os tecidos. A cerámica fabricábase a man con barro e despois cocíase no lume. Utilizouse para almacenar e cociñar os alimentos. Os tecidos, elaborados con liño ou con la, tecíanse en teares rudimentarios.

Onde xurdiu o Neolítico

A **Crecente Fértil.** Desde aquí, a agricultura difundiuse cara ás grandes chairas fluviais de Europa, China e India. En América apareceu de forma independente.

Avanza en competencias

Comprender a realidade histórica

1 Que feitos marcaron o inicio e o final do Neolítico? Cando sucederon?

2 Imaxina que un grupo de arqueólogos descobre un poboado. Cal destes achados lle permitiría saber que o poboado é neolítico?:

a) Grans de cereal.

b) Ósos de animais.

c) Recipientes de cerámica.

d) Instrumentos de pedra.

Razoa a túa resposta, indicando o porqué da túa elección ou do teu rexeitamento.

Organizar información

3 Completa no teu caderno un cadro coma este:

A vida no Neolítico	
Cronoloxía	
Economía	
Achegas	
Inventos	

Nacemento da vida sedentaria. A aldea

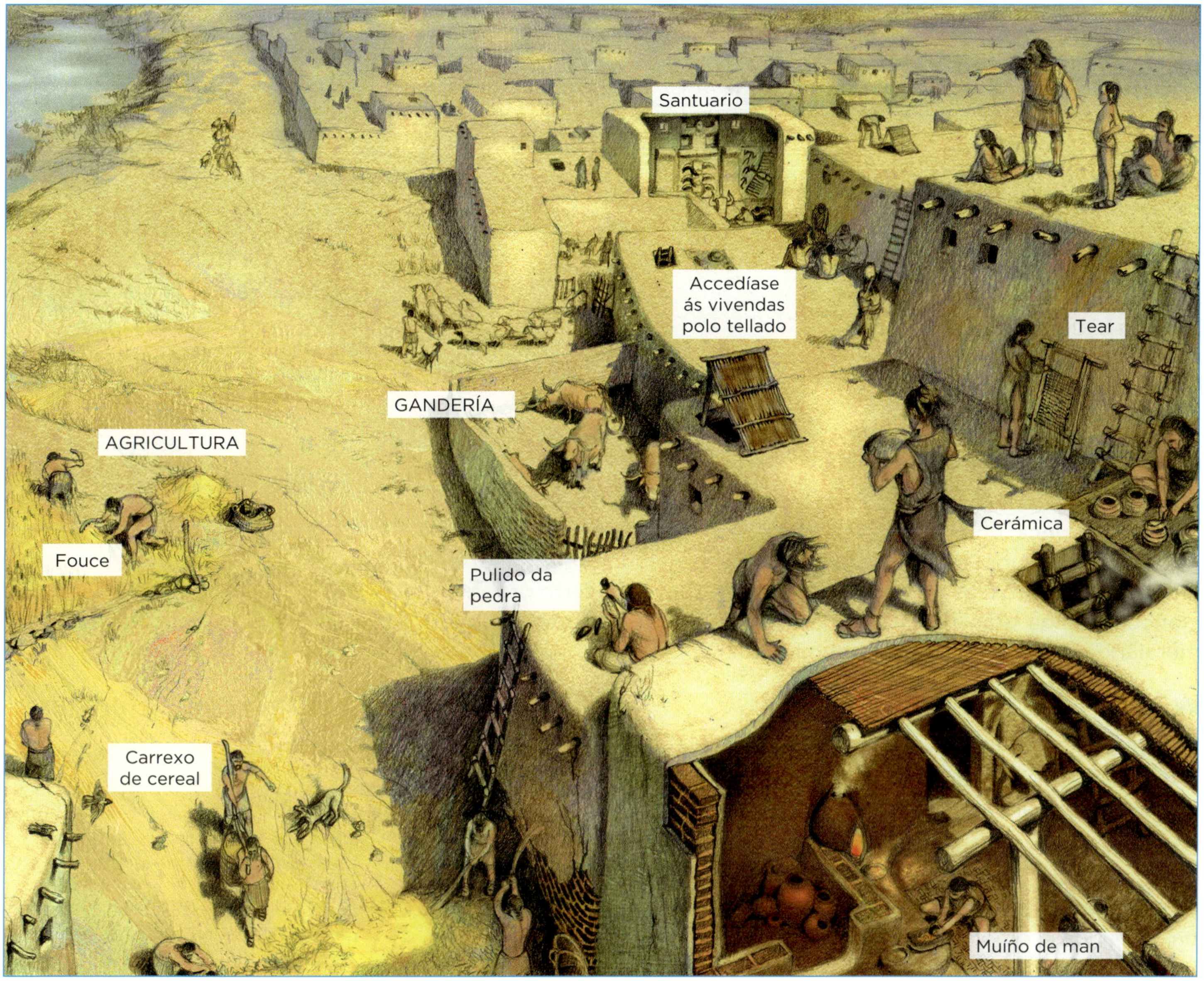

5.3 A sociedade, as crenzas e a arte

A **sociedade** neolítica asistiu a un enorme aumento da poboación grazas á mellora da alimentación e das condicións de vida. Este aumento de habitantes conduciu á aparición de xefes ou dirixentes, que coordinaban a defensa, o uso da auga entre os agricultores, a execución das obras colectivas, etc. Estes xefes, co tempo, convertéronse na autoridade política e relixiosa e acapararon a riqueza e o poder.

A organización social fíxose, polo tanto, máis complexa, xa que aumentaron as desigualdades e xurdiron varios grupos sociais diferenciados pola súa riqueza e o seu traballo: xefes, artesáns (tecedores, oleiros, etc.), e agricultores e gandeiros.

As **crenzas relixiosas** centráronse no culto aos astros, que os guiaban para sementar e recoller as colleitas; á deusa nai, que aseguraba a fertilidade das colleitas e do gando; e aos mortos.

A **manifestación artística** máis importante foi a cerámica, decorada con formas moi variadas.

Traballar con imaxes

4 Observa a ilustración e resolve as cuestións:

a) Como eran as vivendas?

b) Que actividades realizan os habitantes da aldea?

c) Que achegas e inventos están presentes?

6 A vida na Idade dos Metais (I)

A Idade dos Metais iniciouse, cara ao **4500 a.C.,** co descubrimento da metalurxia ou técnica de traballo dos metais, e prolongouse ata o **1000 a.C.** Durante esta, cara ao 3250 a.C., algúns pobos descubriron a escritura, entrando así na Historia propiamente dita. Outros, en cambio, mantivéronse na Prehistoria.

6.1 Os pobos metalúrxicos

O traballo do metal

A primeira metalurxia coñecida foi a do **cobre**, cara ao **4500 a.C.** Xurdiu nas sociedades neolíticas e urbanas da Crecente Fértil, aínda que debido á pouca dureza deste metal usouse, sobre todo, para facer obxectos de adorno.

A busca de metais máis resistentes levou, cara ao **2200 a.C.,** ao emprego do **bronce,** unha aliaxe de cobre e estaño. Finalmente, cara ao **1500 a.C.,** descubriuse a metalurxia do **ferro** nalgún lugar situado entre o mar Negro e as montañas de Armenia. O uso do ferro proporcionoulles unha gran superioridade aos pobos coñecedores da súa metalurxia. Por iso, tardou en xeneralizarse.

Outras actividades económicas

A **agricultura** e a **gandería** seguiron sendo a base da economía, e a **artesanía** continuou fabricando tecidos de liño e la para os vestidos e elaborando cerámicas.

O **comercio** desenvolveuse, debido á necesidade de obter metais e de intercambialos por outros produtos. Así, desde a Crecente Fértil organizáronse rutas para buscalos por Occidente e o centro de Europa, coñecidas como **«rutas dos metais».**

6.2 As novas técnicas, instrumentos e inventos

As **técnicas de traballo do metal** perfeccionáronse co tempo. Primeiro traballouse o metal **en frío,** golpeándoo cun martelo. Despois utilizouse **a forxa,** na que o metal se quentaba ao lume mentres se martelaba. Por último usouse **a fundición,** quentando o metal nun forno ata que se volvía líquido. Entón, introducíase en moldes que tiñan a forma desexada, deixábase arrefriar e pulíanse as pezas.

O traballo do metal proporcionou unha gran **variedade de instrumentos:** útiles agrícolas máis resistentes, como aixadas e fouces; armas, como espadas, machados, lanzas e escudos; e utensilios domésticos, como vasos, xerras e cuncas.

Os **inventos** principais do período foron a roda, o arado e a vela. A **roda** permitiu a invención do carro e do torno de oleiro, que revolucionaron o transporte terrestre e a produción de cerámica. O **arado,** tirado por bois ou por asnos, permitiu remover mellor a terra e labrar unha maior extensión de terreo en menos tempo. A **vela** posibilitoulles aos barcos moverse empurrados polo vento.

Avanza en competencias

Comprender a realidade histórica

1 Que feitos marcan o inicio e o final da Idade dos Metais? Cando sucederon?

2 A cal das datas non pode pertencer esta espada de ferro fundido?

Razoa a resposta, en cada caso:

a) 6000 a.C.;

b) 2100 a.C.;

c) 1400 a.C.

Organizar información

3 Completa un cadro resumo sobre a vida na Idade dos Metais.
Fai entradas para estes apartados: cronoloxía, actividades económicas principais, novas técnicas e inventos.

A vida nun poboado fortificado

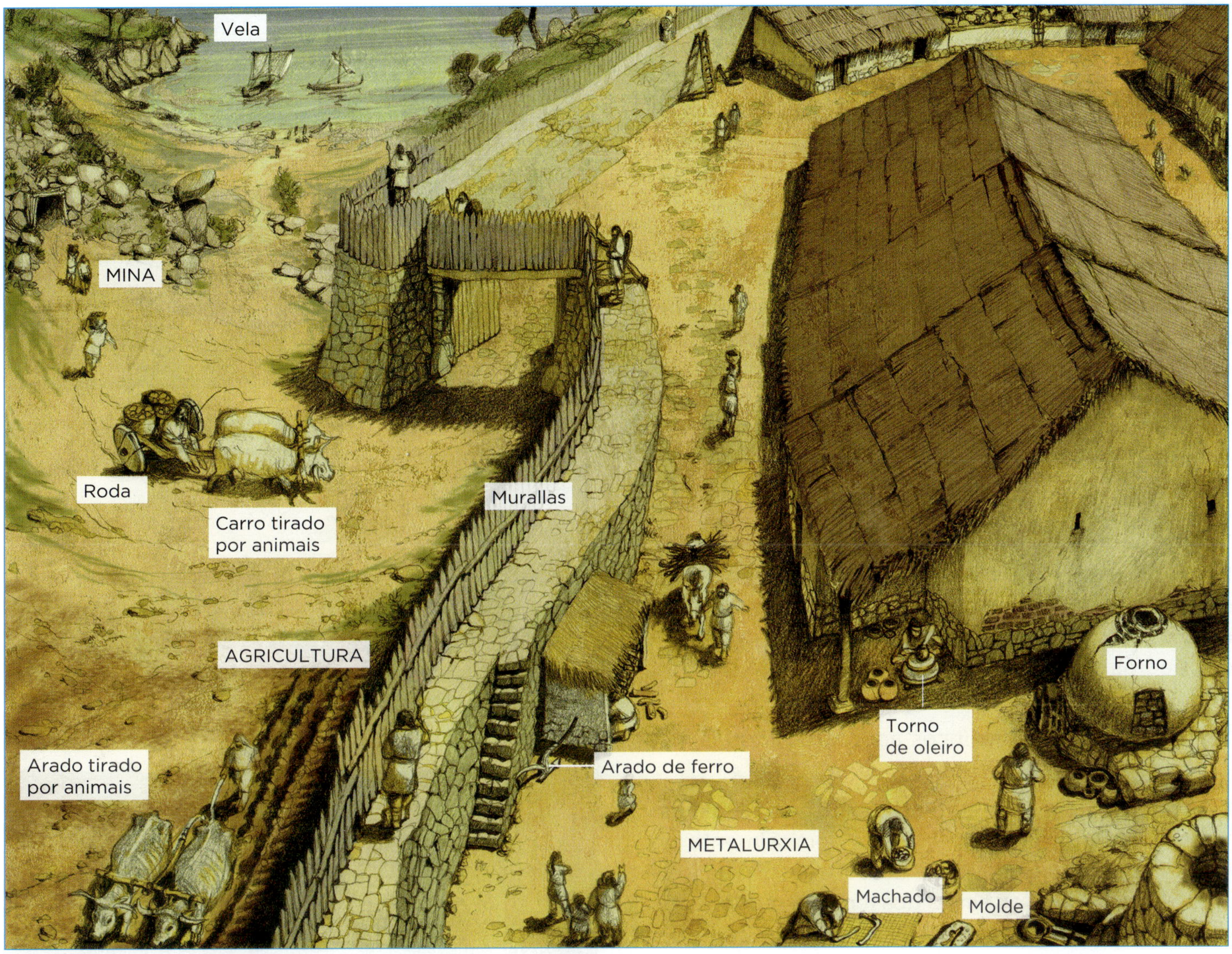

O traballo do metal

En frío

Forxa

Fundición

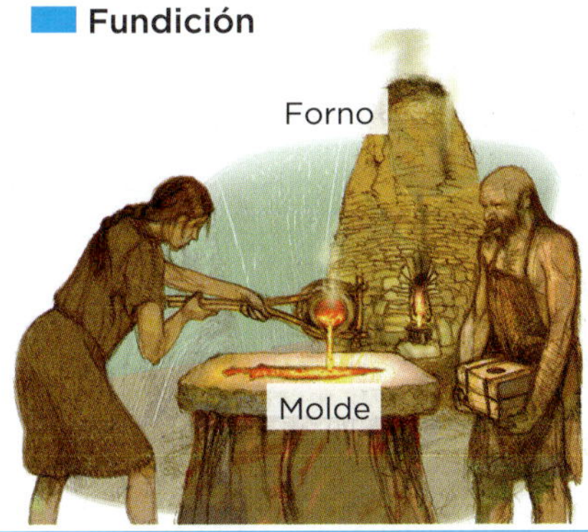

Interpretar imaxes

4 Fíxate nos debuxos e contesta:

a) Escribe os inventos da Idade dos Metais que aparecen reflectidos.

b) Anota as vantaxes de cada un deles.

c) Que actividades realizan os habitantes do poboado fortificado?

d) Explica a evolución do traballo do metal.

7 A vida na Idade dos Metais (II)

7.1 As transformacións sociais

A sociedade continuou aumentando a súa poboación. Por iso, os poboados creceron e convertéronse en pequenas cidades. Algunhas delas amuralláronse co fin de defenderse, pois o interese por controlar os metais provocou guerras entre pobos.

Ademais, a sociedade fíxose máis complexa, ao xurdir novos oficios, como metalúrxicos, comerciantes, carreteiros, mariños mercantes, etc. Tamén, aumentaron as diferenzas entre unhas sociedades e outras, ao impoñerse os pobos que coñecían o metal sobre os que o descoñecían.

7.2 A arte na Idade dos Metais

Neste período xurdiron as primeiras manifestacións arquitectónicas da historia. Coñécense como **monumentos megalíticos,** pois están realizados con grandes pedras ou megálitos (de *megas*, grande, e *lithos*, pedra).

Os monumentos megalíticos adoptaron formas moi variadas:

- O **menhir** é o elemento fundamental do megalitismo. É unha gran pedra cravada verticalmente no chan. A súa función exacta descoñécese: puido erguerse para fixar as almas dos mortos, render culto ao Sol ou marcar o territorio.

  O máis grande, con 20 metros de altura e 350 toneladas de peso, está en Locmariaquer (Francia).

  Ás veces, os menhires dispoñíanse en fileira, formando así un **aliñamento.**

  O máis longo e mellor conservado é o de Carnac (Francia), composto por once fileiras paralelas dun quilómetro.

- O **crómlech** está formado por varios menhires colocados en círculo. Puido usarse como santuario para algún culto agrario ou solar.

  O máis coñecido encóntrase en Stonehenge (Reino Unido).

- O **dolmen** é unha cámara constituída por grandes pedras verticais cubertas por outras horizontais. Usouse como enterramento colectivo.

  Nalgúns dolmens, diante da cámara hai un longo corredor ou corredor alintelado; por iso, coñécense como **sepulcros de corredor.**

As formas do megalitismo

Menhir

Aliñamento

Crómlech

Dolmen

Avanza en competencias

Analizar obras de arte

1 Observa as fotografías superiores e explica as diferenzas entre: a) un menhir e un aliñamento; b) un crómlech e un dolmen.

Comprender a realidade histórica

2 Cita a causa destas transformacións:

a) Aparición de pequenas cidades.

b) Aumento da especialización no traballo.

c) Maior número de guerras.

d) Incremento das diferenzas entre sociedades.

A construción de megálitos

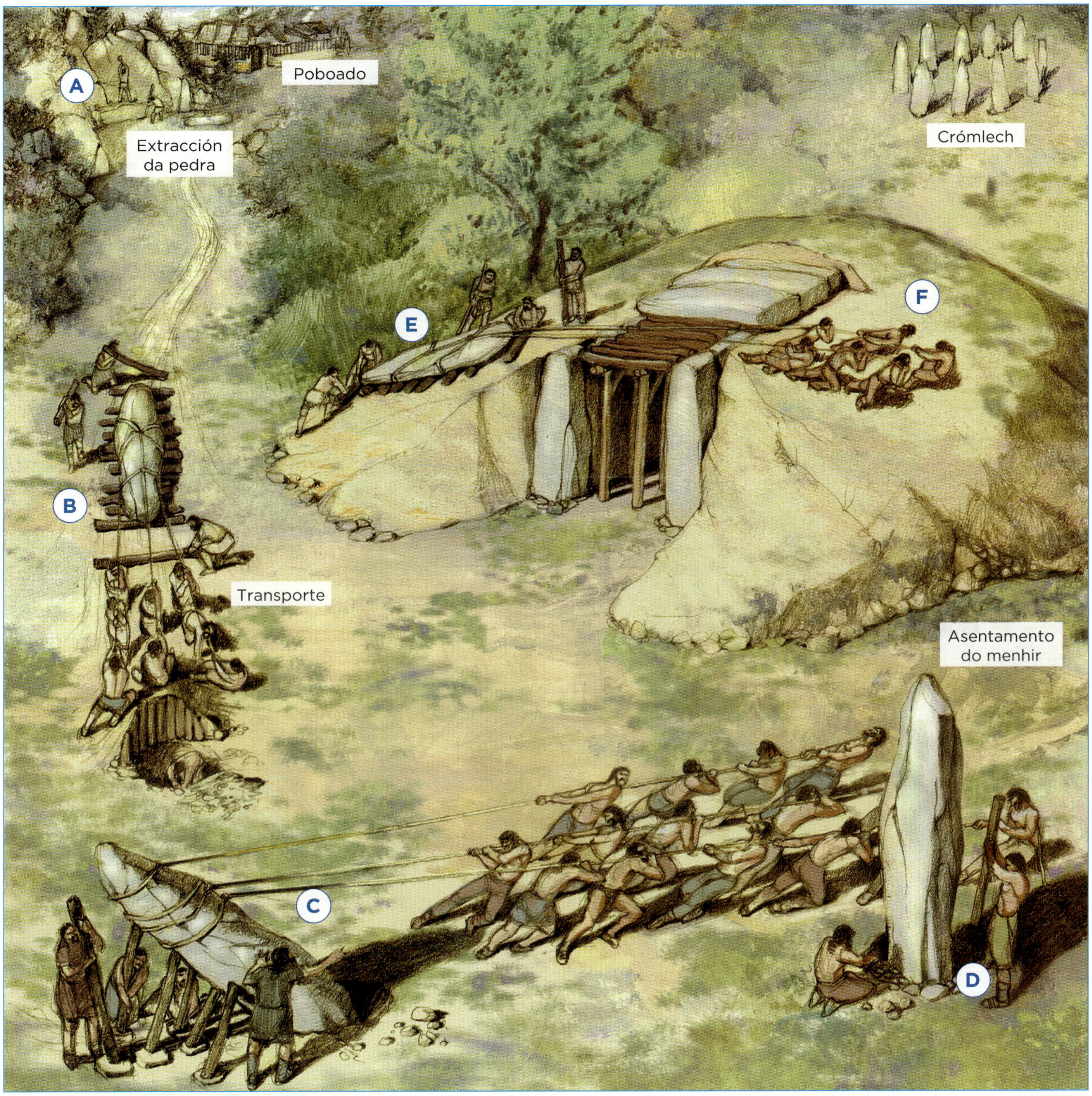

A Extracción dos grandes bloques de pedra da canteira.

B Transporte dos bloques ata o lugar de construción. Para iso, utilizábanse cordas, rolos e a forza humana.

C No lugar elixido para a construción, o bloque deixábase caer nun burato estreito. A continuación, colocábase en posición vertical mediante cordas e pancas.

D Despois, enchíase o burato para que a pedra quedase ben asentada. No caso dun menhir, o proceso de construción finalizaba aquí.

E Para construír un dolmen, facíanse ramplas e, a través delas, subíase o bloque horizontal ata colocalo sobre os verticais.

F Por último, cubríase con terra, formando un túmulo.

Interpretar imaxes

3 Observa a ilustración e responde:

a) Que monumentos megalíticos se están construíndo?

b) Cales son as características de cada un?

c) Que pasos había que seguir para a súa construción?

8 A Prehistoria en España e Galicia

8.1 O Paleolítico (800000 - 5000 a. C.)

As primeiras testemuñas da presenza humana en España e Galicia corresponden ao **Paleolítico Inferior,** caso dos restos do **Home de Orce**, e do **Homo antecessor.**

Os restos fósiles do *Homo antecessor* pertencen a un tipo de *Homo erectus,* e son os máis antigos de Europa, pois datan de fai máis de 800 000 anos. Viviu da caza e da recolleita, posiblemente practicou o canibalismo e fabricou ferramentas de pedra. Pouco despois realizaron máis de 250 asentamentos en **Galicia.**

Os restos pertencentes ao **Paleolítico Medio** son moi abundantes en toda a Península. Destacan os descubrimentos na cova de La Carigüela de Piñar, Solana de Zamborino (Granada), Xibraltar, Abrigo Romaní (Girona) e a Cova Negra (Valencia).

No **Paleolítico Superior,** o territorio peninsular foi habitado por grupos de *neandertais* e *sapiens.* Estes últimos legáronos importantes manifestacións de pintura rupestre.

- Na **zona cantábrica** realizadas no interior de covas (Altamira, Tito, Bustillo) e representan animais de xeito naturalista.
- Na **zona levantina** localizadas en abrigos rochosos (Cogull, Valltorta), e representan de xeito esquemático a persoas en escenas de caza, guerra ou ritos.

8.2 O Neolítico (5000 - 2500 a. C.)

O Neolítico chegou á península ibérica desde o Próximo Oriente a través de dúas rutas: o Mediterráneo e o norte de África.

As culturas neolíticas máis importantes localizáronse en Cataluña e en Andalucía. A súa manifestación artística principal foi a **cerámica cardial**.

8.3 A Idade dos Metais (2500 - I milenio a. C)

A metalurxia foi introducida na península ibérica por pobos buscadores de metal procedentes do Mediterráneo oriental.

- A **metalurxia do cobre** (2500 - 2000 a. C.) tivo como foco principal a cultura de Los Millares (Almería). Caracterizouse polos poboados amurallados e a arquitectura megalítica, que creou dolmens, como o de «A pedra do Mouro» en Axeitos (A Coruña), e grandes sepulcros de corredores denominados popularmente «covas».
- A **metalurxia do bronce** (2000 - 1000 a. C.) tivo dous focos destacados: as culturas de El Argar e das illas Baleares. A primeira estendeuse por Almería e Granada, e caracterízase por enterramentos individuais en fosas ou tinas. A das Baleares destaca polas súas construcións megalíticas diferenciadas, como taulas, talaiots e navetas.
- A **metalurxia do ferro** (1000 a. C. - época das colonizacións fenicia, grega e romana) foi introducida polos pobos celtas e polos pobos colonizadores fenicios e gregos. Estes últimos introduciron a escritura.

Avanza en competencias

Comprender a realidade histórica

1 Coa información proporcionada polo texto, escribe todo o que saibas sobre o *Homo antecessor:* cando e onde viviu, como era, etcétera.

Utilizar elementos matemáticos

2 Calcula con cantos anos de atraso chegou a España o Neolítico e a Idade dos Metais respecto ao Crecente Fértil.

Analiza estilos e obras

3 Tomando como base estas dúas imaxes, compara as pinturas rupestres das zonas cantábrica e levantina.

Debes ter en conta estes aspectos: localización, que se representa e como se representa.

Organizar información

4 Extrae do texto a información para completar este cadro:

	Cobre	Bronce	Ferro
Cronoloxía			
Focos			
Características			

Principais xacementos e culturas

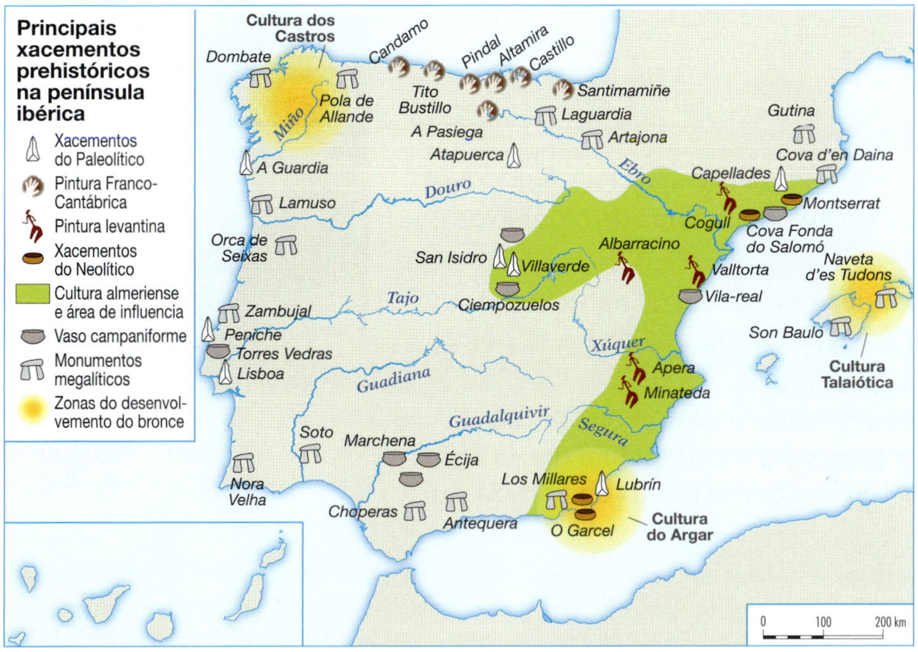

Traballar con mapas

5 Por que o Neolítico e os metais tiveron maior importancia na zona mediterránea e no sur peninsular?

Analiza estilos e obras

6 Que tipo de construcións megalíticas se levaron a cabo no territorio español durante a Idade dos Metais? Para que servían?

Os megálitos peninsulares. O dolmen de Axeitos

O **dolmen de Axeitos,** coñecido como «A pedra do Mouro», é un monumento funerario megalítico situado en Ribeira (A Coruña).

Está composto por oito grandes lousas de granito cravadas na terra formando unha planta poligonal sobre a que se apoia a lousa horizontal.

O megalitismo en Baleares

Taula

A súa función descoñecíase.

Talaiot

Torre de vixilancia e defensiva.

Naveta

Sepulcro colectivo.

Técnicas

Medir o tempo histórico

A cronoloxía

A cronoloxía, unha ciencia auxiliar da historia, analiza como as culturas ordenan no tempo os feitos históricos. En xeral, existen dous tipos de cronoloxías: os calendarios e as eras.

- Os **calendarios** ordenan o tempo baseándose en procesos naturais, como as fases lunares (calendarios lunares), ou a alternancia dos días e as noites (calendarios solares).
- As **eras** contan o tempo a partir dun feito singular e irrepetible. Por exemplo, a fundación dunha cidade, o nacemento ou a morte dunha figura relixiosa, ou o inicio dun reinado. Ese feito tómase como punto de partida ou cero, e marca o comezo da era.

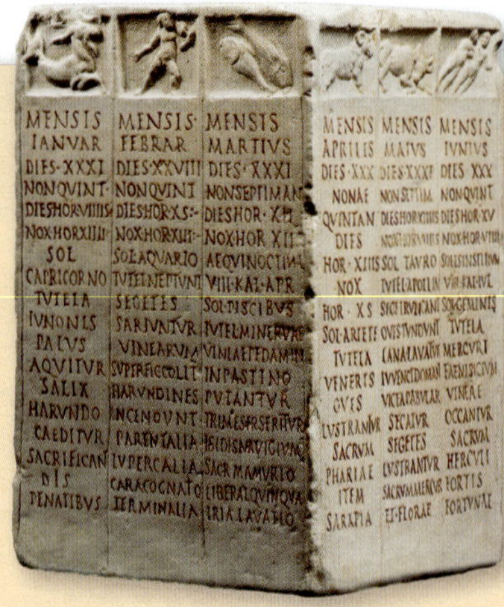

Calendario solar romano.

As civilizacións e o tempo

A medición do tempo é convencional, é dicir, é o resultado dun acordo social. Por iso, cada civilización elixiu momentos distintos para o comezo da súa era. Por exemplo:

- Os **gregos** contaban por olimpíadas, ou períodos de catro anos. Como base tomábase a celebración dos primeiros Xogos Olímpicos, acontecidos o 776 a. C.
- Os **romanos** contaron os anos a partir da fundación de Roma o ano 753 a. C.
- Os **musulmáns** contan o tempo desde a Héxira ou marcha de Mahoma desde a cidade da Meca á de Medina, ocorrida no ano 622 d. C. Os anos islámicos son lunares e teñen 355 días.
- Os **xudeus** contan desde o día da creación do mundo, que segundo as súas crenzas se corresponde co ano 3761 a. C.
- Os **maias** utilizaron un calendario cíclico, pois se repetía cada 52 anos.

Calendario ciclo maia.

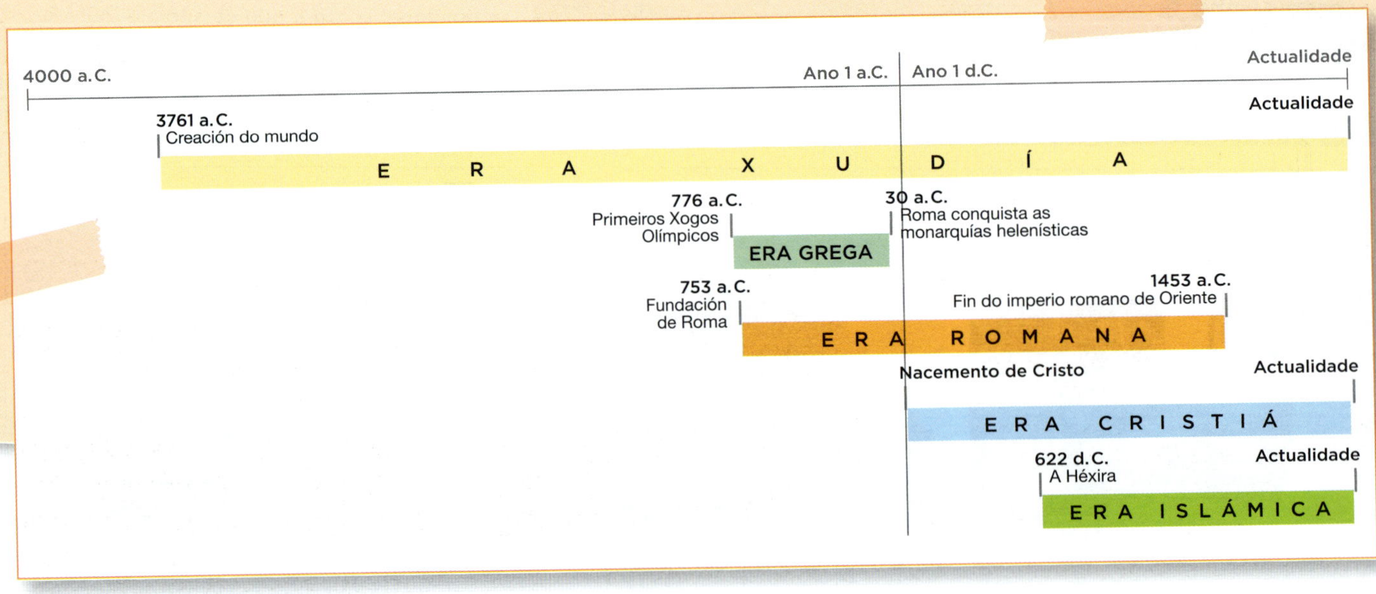

A era cristiá

Na cultura occidental, tómase como base de partida ou cero o nacemento de Cristo, de aí a denominación de era cristiá. Nela:

- Os **feitos** ocorridos **antes do nacemento de Cristo** desígnanse coa abreviatura a.C. (antes de Cristo) ou van precedidos dun signo negativo (-10 000; -15 000). Ordénanse de xeito decrecente cara ao cero.
- Os **feitos** acontecidos **despois do nacemento de Cristo** desígnanse coa abreviatura d.C. (despois de Cristo). Ordénanse de xeito crecente desde o cero. E recorda, non existe o ano 0.

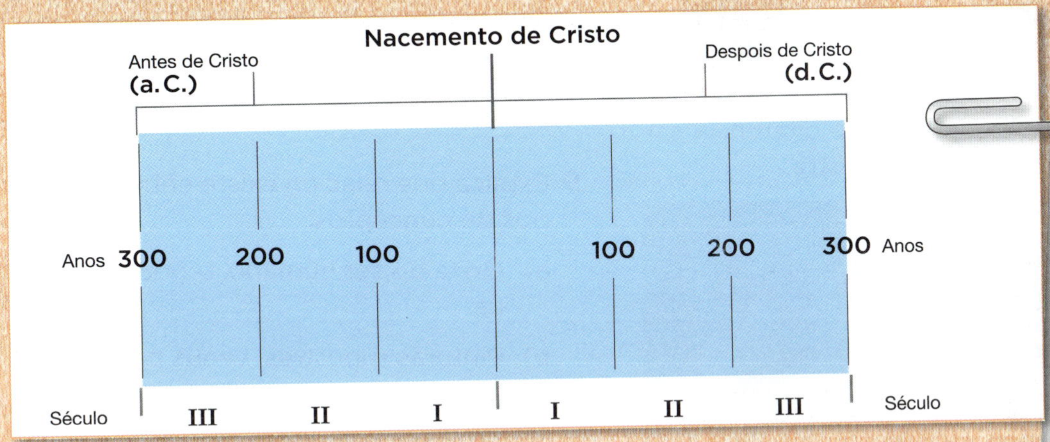

As unidades temporais

O tempo mídese en diversas unidades temporais, como días, semanas, meses e anos.

A historia, debido a que explica os feitos ocorridos durante moito tempo, utiliza ademais outras unidades temporais máis amplas, como:

— O **lustro** ou **quinquenio** (5 anos).

— A **década** (10 anos).

— O **século** (100 anos).

— O **milenio** (1000 anos).

Os milenios e os séculos escríbense con números romanos (por exemplo, II milenio a.C.; século XVII d.C.); e os anos, con números arábigos (por exemplo, 2014).

Para saber a que século corresponde un ano concreto, súmase 1 á centena. Por exemplo, o ano 356 pertence ao século IV (3 +1). Isto non se aplica aos anos rematados en 00; neles, o século indícao a cifra ou cifras que preceden aos dous ceros (2000 = século XX).

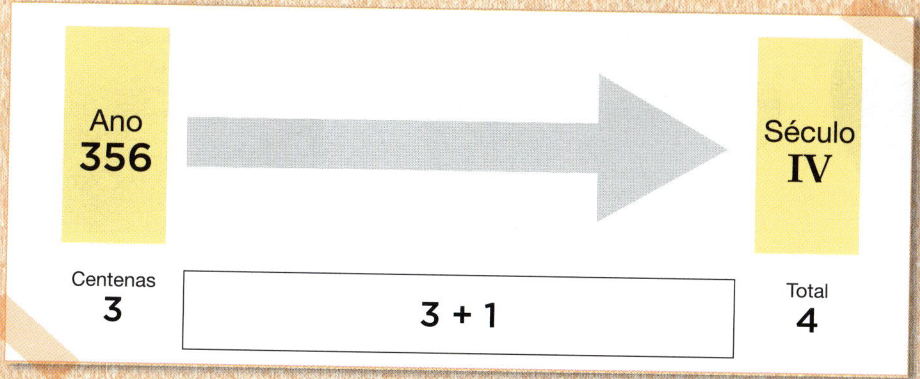

emprender aprender

Pon en práctica

1 Calcula o número de anos transcorridos entre estas datas: a) 235 a.C. e 235 d.C.; b) 1000 a.C. e 2000 d.C.

2 A que séculos pertencen estes anos: 1000, 760, 34, -550, -200?

3 A que ano da era romana correspondería o ano 400 d.C. da era cristiá? E o ano 200 a.C.?

4 Calcula: a) Cantos séculos son tres milenios? b) Cantas décadas ten un século? c) Cantos lustros son dúas décadas? d) Cantos anos son 1,5 séculos? e) Cantos quinquenios ten un milenio?

5 Planifica unha visita ao museo arqueolóxico máis próximo. Despois, confecciona un póster cronolóxico da civilización que máis che chamase a atención.

Comproba a túa aprendizaxe

1 Redacta un texto explicando, de forma breve, a importancia que tiveron estes inventos para os seres humanos da súa época.

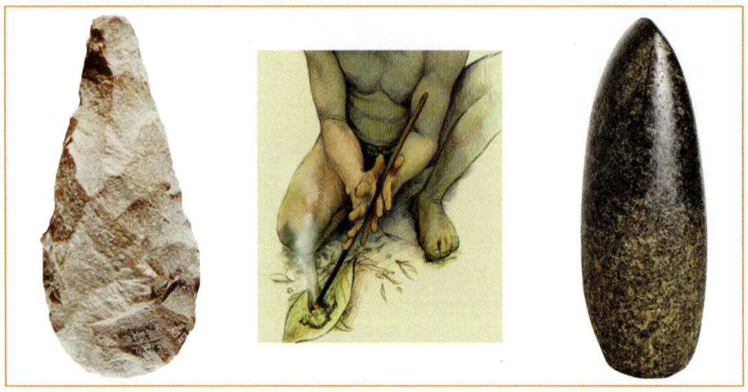

2 Demostra os teus coñecementos, e diferencia estes dous exemplos de pintura rupestre.

3 Asigna as imaxes inferiores á súa correspondente idade ou período da Prehistoria.

Despois, explica de cada unha: que representa, de que material está realizada e para que servía.

4 Realiza no teu caderno un cadro como o seguinte. Completa cada período con dúas características básicas:

Paleolítico	
Neolítico	
Cobre	
Bronce	
Ferro	

5 Explica que relación existe entre os seguintes grupos de conceptos:

a) Orixe do ser humano, teoría da evolución, África.

b) Pinturas rupestres, venus paleolíticas.

c) Sedentarismo, aumento da poboación, oficios artesanais.

d) Metalurxia, roda, arado.

e) Menhir, dolmen, crómlech.

6 Asignalles unha etapa da Prehistoria na Península:

Cogull	Cerámica cardial
Cova de Menga	Os Millares
Cova de Altamira	Taulas
Cultura de Almería	Talaiot
Homo antecessor	O Argar

A

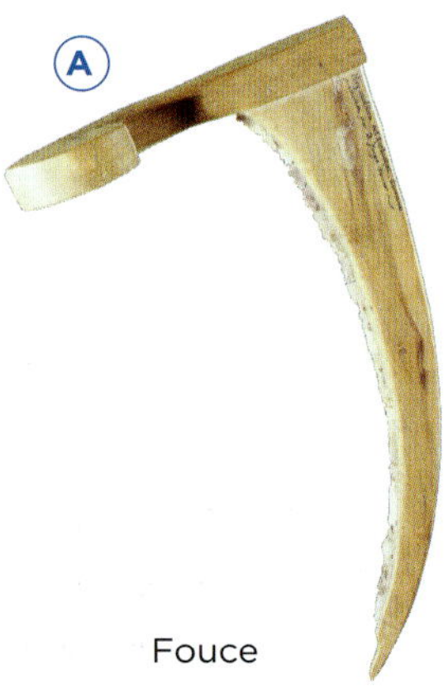

Fouce

B

Cerámica

C

Muíño de man

D

Forno

Comproba as túas competencias

Os chimpancés non xogan ao béisbol

Cando un xogador de béisbol profesional deixa todo un estadio coa boca aberta tras un poderoso lanzamento, estamos considerando a cúspide dunha habilidade humana que se desenvolveu por primeira vez hai case 2 millóns de anos. E é que calquera ser humano é un extraordinario lanzador de proxectís, sobre todo, se nos comparamos co resto dos animais, mesmo cos que máis se nos parecen: os chimpancés.

A capacidade de lanzar rápido e con precisión foi desenvolvida «polos nosos antepasados das cavernas» porque supoñía unha axuda fundamental para a caza, afirma Neil Roach, autor principal da investigación. «Os chimpancés son incriblemente fortes e atléticos, pero os machos adultos só poden lanzar uns 32 quilómetros por hora, mentres que o ser humano pode alcanzar os 105 quilómetros por hora.»

Segundo Roach, o ombro humano actúa como un tirafonda durante o exercicio, almacenando e liberando grandes cantidades de enerxía. Este cambio evolutivo permitiulles aos nosos antepasados cazar de xeito máis eficaz e seguro, utilizando probablemente rochas e lanzas de madeira afiadas como armas de arrebalar. Como consecuencia, os nosos antepasados puideron comer máis carne, rica en calorías e graxas, e convertéronse no cume da cadea alimenticia. A nova dieta carnívora «teríalles permitido cultivar cerebros e corpos máis grandes e expandirse fóra de África a novas rexións do mundo», resume Roach.

Reelaborado de *ABC*, 26/06/2013.

1 Segundo o autor do estudo, que capacidade humana nos distingue como especie?

a) A de cazar utilizando rochas e lanzas de madeira.

b) A de expandirnos fóra de África.

c) A de lanzar obxectos, rápido e con precisión.

d) A de ser fortes e atléticos.

2 Arredor de que data se desenvolveu esa capacidade?

3 No texto afírmase que os chimpancés son os animais que máis se nos parecen. É así? Explica a túa resposta, sexa esta afirmativa ou negativa.

4 Cando Neil Roach fala de «os nosos antepasados das cavernas»: a quen se refire? En que etapa da prehistoria viviron eses antepasados e cales foron? Explica como eran a alimentación e o modo de vida nesa etapa.

5 Estas frases recollen unha secuencia de causas e consecuencias, pero están desordenadas. Ordénaas dicindo que se produciu antes e que se produciu despois.

a) Dieta carnívora, rica en calorías e graxas.

b) Caza máis eficaz e segura.

c) Expansión fóra de África.

d) Cerebros e corpos máis grandes.

e) Cambio evolutivo que fai que o ombro humano actúe como un tirafonda.

6 Redacta un texto breve explicando outras diferenzas entre os seres humanos e os grandes simios non recollidas no texto. Axúdate das ilustracións superiores.

8

Mesopotamia

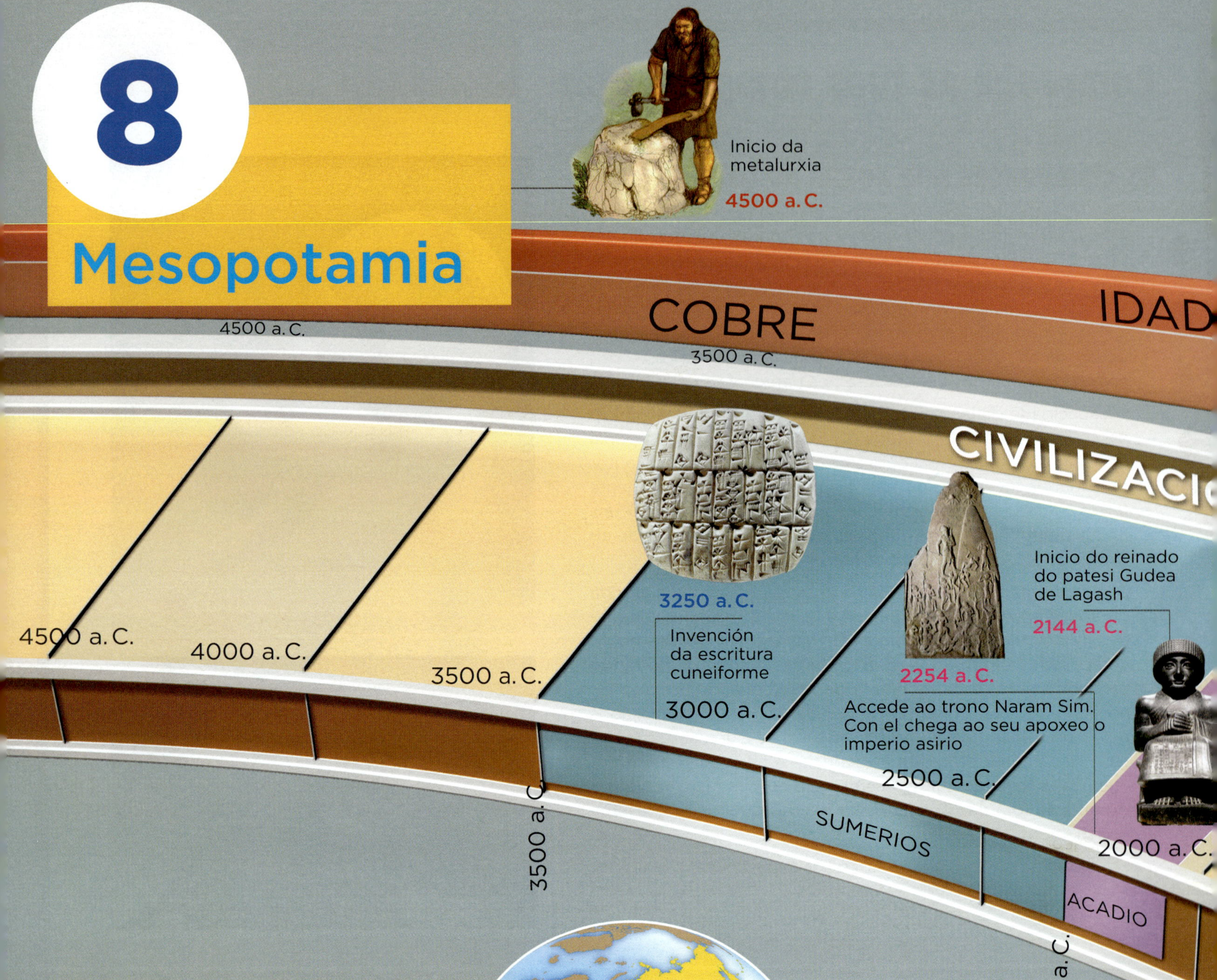

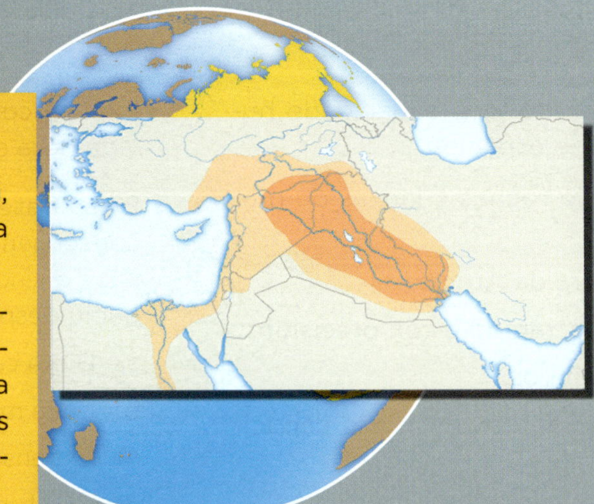

Inicia unha nova aprendizaxe

Nesta unidade estudaremos Mesopotamia, unha civilización histórica que xa coñecía a escritura.

Mesopotamia está situada en Oriente Próximo, entre os ríos Tigre e Éufrates. Nela organizáronse os primeiros estados da Terra —reinos e imperios—, onde os monarcas remataron concentrando case todos os poderes.

O control do territorio mesopotámico disputouse entre distintos pobos. A estes pobos debémoslles avances culturais como a escritura, o arco e a bóveda, o calendario e a contabilidade. Nesta rexión construíronse tamén os primeiros pazos da historia.

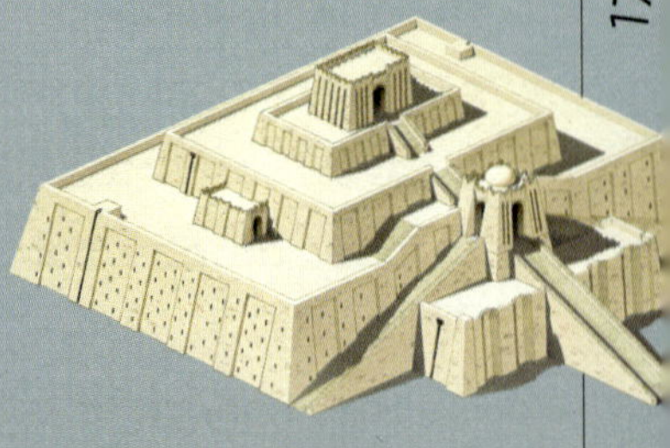

2100 a. C.

Comeza a construírse o cigurat de Ur

Arco e bóveda

2400 a. C.

1500 a. C.

...DOS METAIS

BRONCE

FERRO

2200 a. C.

1500 a. C.

1000 a. C.

539 a. C.

...IS DE MESOPOTAMIA

1760 a. C.

Promulgación do Código de Hammurabi

668 a. C.

Asurbanipal accede ao trono

557 a. C.

Nabucodonosor II constrúe a porta de Ishtar en Babilonia

1500 a. C.

1000 a. C.

500 a. C.

...BABILONIOS

ASIRIOS

PERSAS

1595 a. C.

1530 a. C.

717 a. C.

Sargón II inicia a construción da cidade-pazo de Khorsabad

625 a. C.

539 a. C.

Mesopotamia intégrase no imperio persa

Xoga co tempo

1. Cara ao 3500 a. C. iniciou a súa historia o pobo sumerio. Cantos anos pasaran desde o inicio da metalurxia?
2. Durante cantos anos se desenvolveu a historia de Mesopotamia? Unha vez calculados, transfórmaos en séculos.
3. Estuda o eixe cronolóxico. Despois, contesta:
   a) Adóitase afirmar que «a historia comeza en Sumeria». Por que cres que será?
   b) Que metais utilizaron os sumerios, os babilonios e os asirios?
4. Utiliza o dicionario e anota a definición dos termos *cuneiforme, cigurat* e *código.*
5. Co teu compañeiro ou compañeira, facede unha relación dos pobos que disputaron o territorio mesopotámico.

1 As primeiras civilizacións históricas

1.1 As civilizacións fluviais

Hai uns 5 000 anos xurdiron as primeiras civilizacións históricas coñecedoras da escritura. Reciben o nome de **civilizacións fluviais,** porque xurdiron nas fértiles beiras dalgúns grandes ríos da Terra, cando os pobos neolíticos que as habitaban aprenderon a utilizar as súas augas para regar os campos. Esta agricultura de regadío favoreceu o aumento da produción, o crecemento da poboación e o nacemento de prósperas cidades.

As civilizacións fluviais máis influentes na historia posterior foron a **mesopotámica,** entre os ríos Tigre e Éufrates; a **exipcia,** nas beiras do val do Nilo; a **india,** arredor dos ríos Indo e Ganxes; e a **chinesa,** xunto ao río Huang He (Amarelo). Nelas, co tempo, producíronse unha serie de cambios que afectaron todos os ámbitos da vida.

1.2 Os cambios políticos

Nas civilizacións fluviais formáronse os primeiros **estados** e **imperios**‣ da Terra.

O poder político xurdiu da necesidade de organizar o traballo colectivo, a distribución das augas entre os agricultores, a conservación das canles de rega ou a defensa da cidade.

Nos seus inicios, o poder recaeu sobre **príncipes** ou **reis,** que concentraron o poder político, militar e relixioso, e foron considerados deuses ou intermediarios entre os deuses e os seres humanos. Para gobernar, axudáronse de funcionarios e crearon grandes exércitos. Con estes, algúns reis conquistaron outros pobos próximos, formando así os primeiros **imperios** da historia.

1.3 Os cambios económicos, sociais e culturais

A **economía** destas primeiras civilizacións seguiu sendo basicamente agrícola. Non obstante, as abundantes colleitas permitiron o desenvolvemento doutros oficios: oleiros, tecedores, ourives, canteiros, etc.

Tamén se incrementaron os intercambios comerciais; primeiro, entre as distintas rexións dun mesmo estado; e, despois, con outros estados. Este comercio utilizou os grandes ríos e as súas canles.

A **sociedade** fíxose máis complexa, xa que xurdiron distintos grupos sociais, diferenciados pola súa riqueza ou polo seu prestixio social. En xeral, unha minoría de privilexiados, que incluía ao rei, altos funcionarios, sacerdotes e aos xefes militares, someteu á maioría da poboación (agricultores, gandeiros e artesáns), obrigándoa ao pagamento de elevados impostos.

A **cultura** e a **ciencia** desenvolvéronse, e os reis e emperadores potenciaron a **arte** coa construción de grandes edificacións luxosamente decoradas, como pazos, templos e tumbas.

Avanza en competencias

Interpretar textos

1 As primeiras civilizacións recibiron distintas denominacións, como históricas, fluviais e urbanas. Xustifica, con argumentos, estas denominacións.

2 Explica como influíu a utilización do regadío na agricultura e na poboación.

Analizar información

3 Por que xurdiu o poder político? A que institucións deu lugar?

Valorar achegas

4 Contesta tras reflexionar: que usos dos ríos seguen sendo os mesmos desde hai 5 000 anos? Cales cambiaron?

Aprender a aprender

5 Realiza un esquema de chaves cos cambios políticos, económicos, sociais e culturais ocorridos nas primeiras civilizacións históricas.

O nacemento da civilización

Río Nilo

Río Éufrates

Río Ganxes

Río Huang He

Comprender o espazo

6 Responde coa axuda dun atlas:

a) Arredor de que ríos se desenvolveron as primeiras civilizacións históricas?

b) En que continentes se encontran estas civilizacións históricas?

c) Con que outro nome son coñecidas?

d) Nomea países actuais nos que se localizaron esas civilizacións.

2 O espazo e o tempo

2.1 O territorio de Mesopotamia

A civilización mesopotámica localizouse na zona comprendida entre os ríos **Tigre** e **Éufrates.** De aí provén o seu nome, que en grego significa 'terra entre dous ríos'. Ambos os dous ríos nacen nas montañas de Armenia, e desembocan no golfo Pérsico, despois de discorrer en paralelo durante gran parte do seu percorrido. Cada primavera, co desxeo, os caudais destes ríos aumentan e as augas desbórdanse, fertilizando coa súa lama ou limo as terras das súas beiras.

O territorio de Mesopotamia adóitase dividir en dúas grandes rexións: a **Baixa Mesopotamia** ou Caldea, situada ao sur e ocupada por Sumer e Acad; e a **Alta Mesopotamia** ou Asiria, situada ao norte.

2.2 A evolución histórica (3500 a. C.-539 a. C.)

A riqueza do solo da rexión atraeu numerosos pobos, que disputaron o seu dominio entre 3500 a. C. e 539 a. C. Polo tanto, a súa historia divídese en períodos, determinados polo pobo que dominou a zona.

As primeiras cidades-estado

Os **sumerios** considéranse os iniciadores da civilización mesopotámica. Cara ao 3500 a. C., este pobo de orixe descoñecida instalouse na Baixa Mesopotamia, ata entón unha rexión pantanosa e case deshabitada; desecou os pantanos; controlou a enchente das augas mediante diques e muros; construíu canles para a rega, e estendeu a superficie de cultivo mediante regadíos.

O conseguinte desenvolvemento agrícola orixinou o nacemento de **cidades-estado** independentes, a miúdo rivais entre si, como Ur, Uruk, Lagash e Eridú. Cada unha constaba dunha cidade e os territorios rurais de arredor, e tiña independencia política e económica.

Avanza en competencias

Buscar información textual

1 Busca no texto da epígrafe:

a) O nacemento e a desembocadura dos ríos Tigre e Éufrates.

b) O nome de tres cidades-estado e de tres capitais de imperio.

Comprender a realidade histórica

2 Que pobo iniciou a civilización mesopotámica? Que pobo lle puxo fin?

3 Ordena cronoloxicamente estes períodos: primeiro dominio asirio, sumerios, acadio. Logo, relaciona as cidades de Ur, Assur e Acad con cada un deles.

Utilizar criterios de medición

4 Cantos anos durou a civilización mesopotámica?

Liña do tempo

- 539 a. C.
- 625 a. C.–539 a. C.: PERÍODO NEOBABILÓNICO
- 932 a. C.–625 a. C.: SEGUNDO DOMINIO ASIRIO
- 1200 a. C.–932 a. C.: PERÍODO INTERMEDIO
- 1530 a. C.–1200 a. C.: PRIMEIRO DOMINIO ASIRIO
- 1830 a. C.–1530 a. C.: IMPERIO BABILÓNICO (1760 a. C.)
- 2140 a. C.–1830 a. C.: PERÍODO INTERMEDIO
- 2300 a. C.–2140 a. C.: ACADIOS
- 3500 a. C.–2300 a. C.: SUMERIOS (3250 a. C.)

Ciro o Grande de Persia conquista Babilonia

Cabalaría asiria

Promulgación do código de Hammurabi

Selo acadio

Invención da escritura cuneiforme

Mesopotamia. Rexións e pobos

Reconstrución de Ur

Reconstrución de Nínive

Os primeiros imperios

Desde o 2300 a. C., Mesopotamia foi dominada por outros pobos.

- O **acadio,** procedente do centro de Mesopotamia, invadiu as cidades sumerias e, en época de Sargón I (h. 2334-2259 a. C.), formaron un grande imperio. A súa capital foi Acad.
- Os **babilonios,** asentados entre os territorios sumerio e acadio, crearon un novo imperio que alcanzou grande esplendor en tempos de Hammurabi (1792-1750 a. C.). Este rei unificou as leis das distintas cidades nun famoso código que leva o seu nome.
- Os **asirios** (1530-1 200 e 932-625 a. C.), un pobo guerreiro procedente das montañas do norte de Mesopotamia, alcanzaron o seu maior dominio na rexión con Asurnasirpal II (883-859 a. C.). Estableceron a súa capital, primeiro en Assur e, despois, en Nínive.
- Os **persas,** por último, conquistaron todas as terras de Mesopotamia e integráronas no seu extenso imperio no ano 539 a. C. Con iso poñían fin á civilización mesopotámica.

Comprender os mapas

5 Que cidades importantes atravesaban os ríos Tigre e Éufrates?

6 Utilizando a escala do mapa, calcula, de forma aproximada, cantos quilómetros discorren ambos os dous ríos en paralelo.

7 Na lenda do mapa menciónanse dous reis. Quen foron? A que imperios pertenceron?

3 A organización política e económica

3.1 O sistema político. As primeiras monarquías

En **época sumeria,** cada cidade-estado estaba rexida por un **patesi** ou príncipe-sacerdote, máxima autoridade civil e relixiosa.

- Como **príncipe,** gobernaba e encargábase de coordinar todas as actividades cidadás: a defensa da cidade, a administración da xustiza, a distribución das augas entre os agricultores, a conservación das canles, etc.
- Como **alto sacerdote,** dirixía o culto aos deuses e coidaba dos templos e dos seus bens. Non obstante, aínda que a súa autoridade relixiosa era absoluta, non foi considerado un deus, senón un intermediario ante os deuses.

Co tempo, o patesi acabou adoptando o título de **rei.** Desde entón, asumiu unicamente a dirección do Estado e a súa administración, deixando o poder relixioso en mans dos sacerdotes.

3.2 As actividades económicas

A **agricultura de regadío** foi a base da economía de Mesopotamia. As terras pertencían ao pazo ou ao templo, que llelas arrendaban aos campesiños.

Os campesiños cultivaban cereais (cebada e trigo), verduras e hortalizas (cebolas, allos, fabas, cabazas), palmeiras datileiras e árbores froiteiras (amendoeiras, figueiras, pexegueiros).

Ademais, obtiñan liño e algodón, que usaban para facer fíos e teas; e criaban ovellas, cabras, porcos, bois e cabalos.

O **comercio exterior** foi máis activo que noutros pobos contemporáneos, como Exipto. Beneficiouse da excelente situación xeográfica de Mesopotamia e subministrou produtos básicos non dispoñibles na rexión, como madeira, pedra e metais.

Os mesopotámicos descoñecían a moeda; por iso, as transaccións comerciais facíanse mediante **troco** ou con láminas de prata que, enroladas como brazalete, se cortaban para pagar.

Os príncipes sumerios

Estatua de Gudea, patesi da cidade estado de Lagash.

Durante o seu goberno (2144 a. C.–2124 a. C.), esta cidade-estado impúxose sobre o resto de Sumeria.

Avanza en competencias

Comprender a realidade histórica

1 Cales eran as funcións do patesi? En que se diferenciaban das do rei?

2 De que se alimentaba a poboación mesopotámica?

3 Que produtos importaba Mesopotamia e por que? Como os pagaba?

Practicar razoamentos

4 Cando se afirma que as canles permitíronlles aos sumerios cultivar varios produtos nun mesmo espazo, que quere indicarse? En que imaxe se aprecia iso?

A agricultura de regadío

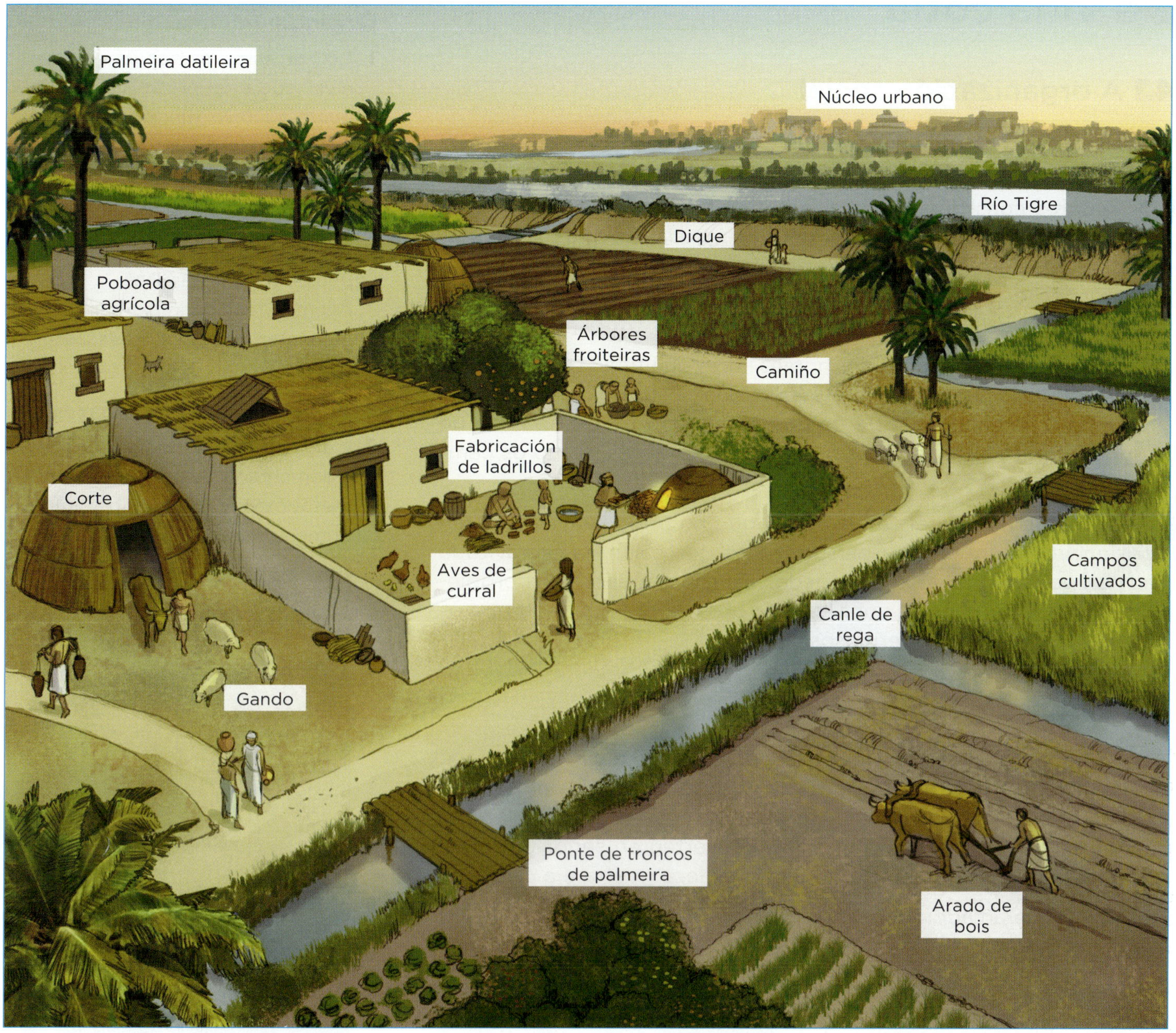

A construción de canles de rega **(A)** permitiulles aos sumerios cultivar unha gran variedade de produtos nun mesmo espazo **(B)** e obter ata dúas e tres colleitas ao ano.

Interpretar imaxes

5 Que actividades económicas están realizando os personaxes da imaxe superior?

4 A sociedade, a relixión e a vida cotiá

4.1 A organización social

A poboación de Mesopotamia dividíase en tres grupos sociais que tiñan dereitos e deberes diferentes: os señores, o pobo e os escravos.

- Os **señores** constituían o nivel superior. Este grupo social estaba integrado polo patesi ou o rei e a súa familia, os altos funcionarios do Estado e os sacerdotes. Todos eles tiveron un gran poder económico e social, pois tiñan inmensas posesións e recadaban impostos.
- O **pobo** estaba formado polos homes libres que tiñan bens propios. Nel distinguíase un **grupo intermedio,** composto polos comerciantes e os funcionarios, entre os que sobresaían os escribas; e un **grupo inferior,** que incluía as demais persoas libres, como os campesiños e os artesáns.
- Os **escravos** foron máis abundantes que no próximo Exipto. Eran prisioneiros de guerra ou persoas libres que caían na escravitude ao non poder pagar as súas débedas. Considerábanse unha propiedade máis, e constituían unha man de obra barata que realizaba os traballos máis duros e perigosos.

4.2 A relixión mesopotámica

Os habitantes de Mesopotamia eran **politeístas,** é dicir, crían en varios deuses. Entre eles destacaron **Anu,** deus do ceo e pai dos demais deuses; **Enlil,** deus do vento e das enchentes dos ríos; **Marduk,** que derrotou os dous anteriores e se converteu en señor dos deuses, e **Isthar,** a deusa do amor, a fecundidade, a guerra e a caza.

Estes deuses eran adorados nos templos, considerados as casas dos deuses na Terra.

A vida de ultratumba era moi pesimista, pois crían que os espíritos dos defuntos vivían entre o po e o barro.

4.3 A indumentaria

A indumentaria ou vestimenta era distinta en cada pobo, e coñécese a través das representacións artísticas conservadas. Estas son, en certo modo, parciais, xa que as figuras pertencen aos gobernantes e ás clases sociais altas.

- Os **homes** sumerios rapaban a cabeza e vestían unha faldra de flocos, que deixaba ao descuberto os ombros e o peito e se suxeitaba á cintura cun cordel; os acadios levaba longas barbas e o pelo ondulado; os asirios, ademais, vestían longas e luxosas túnicas e cubrían a súa cabeza cun sombreiro.
- As **mulleres** sumerias tamén levaban faldra, aínda que de talle máis alto, que cubría o ombro esquerdo. As que eran libres completaban este atavío cun veo sobre a cabeza.

Avanza en competencias

Organizar información

1 Coloca estes personaxes no seu nivel social e grupo correspondente: escravo, funcionario, sacerdote, rei, campesiño, músico.

Mostrar interese polas TIC

2 Busca en Internet imaxes dalgúns deuses mesopotámicos.
Acompaña cada imaxe dun breve comentario que inclúa as súas funcións.

Traballar con textos e imaxes

3 Indica en que imaxes se aprecia a indumentaria dos distintos pobos mesopotámicos. Describe esa indumentaria brevemente.

O estandarte de Ur, un retrato social

O estandarte de Ur é unha caixa de madeira, onde se narra a vida dun patesi da cidade de Ur. Consta de dúas caras. Na «cara da paz», que mostra a imaxe, represéntase un banquete festexando a vitoria sobre os inimigos.

Nárrase unha escena continuada, aínda que o espazo se divide en franxas horizontais, que se len seguindo a orde da escritura sumeria: de dereita a esquerda e de abaixo arriba.

Esta escena proporciónanos información sobre a organización social da época. Así, móstranos que os personaxes tiñan diferente importancia social reflectida no seu tamaño e actividades. O patesi **(A)** é a figura de maior tamaño e ocupa un lugar destacado. Os nobres **(B)** teñen un tamaño inferior, pero maior que o dos traballadores **(C)** e os servos. Ademais, as súas actividades son tamén distintas: mentres os privilexiados levan un alto nivel de vida (banquetes, música), o resto da poboación traballa para eles e págalles impostos.

Homes e mulleres

A mentalidade mesopotámica e as diferenzas sociais coñecémolas grazas ao código de Hammurabi, redactado cara ao 1 760 a. C. Nas súas normas recóllense os dereitos e as obrigas de homes e mulleres, que non eran iguais, xa que a muller estaba sometida á autoridade do pai ou o marido e a súa consideración social era inferior.

«Se unha muller casada que está vivindo na casa dun home, arranxa o seu rostro para saír ao exterior e persiste nun comportamento tolo malgastando os bens domésticos e deshonrando o seu esposo, será acusada e, se o seu marido di que se divorcia dela, entón poderá facelo; nada se lle dará».

Código de Hammurabi

Interpretar imaxes

4 Responde, a partir da observación:

a) Que era o estandarte de Ur?

b) Que personaxe ten a máxima autoridade e en que se aprecia?

c) Que grupos sociais aparecen e como se diferenciaban entre si?

Practicar valores democráticos

5 Na sociedade actual, sería aceptable o comportamento que recolle o texto? Emite unha opinión persoal e arguméntaa.

Informe gráfico

A cidade de Babilonia

Desde os sumerios, os núcleos urbanos convertéronse no centro da actividade política, económica e cultural dunha vasta rexión circundante, que acollía campos de cultivo e pequenas aldeas agrícolas.

Babilonia, cuxo nome significaba Porta dos Deuses, foi a cidade mesopotámica máis famosa. Debeu ser fundada polo rei Sargón de Acad no século XXIV a. C. e o seu máximo esplendor alcanzouno baixo os mandatos de Hammurabi (século XVIII a. C.) e sobre todo de Nabucodonosor II (604-662 a. C.).

A avenida das Procesións era a rúa principal. Partía da porta de Ishtar e discorría paralela ao río. Nela situábanse os principais pazos, os templos, o gran cigurat e os famosos xardíns colgantes.

Competencias

Comprensión, expresión e TIC

1 Cantos séculos tería hoxe Babilonia?

2 Por que as cidades mesopotámicas se rodeaban dunha muralla?

3 Observa as ilustracións e realiza estas tarefas:

a) Como eran as rúas da cidade e cales eran os seus edificios principais?

b) Como eran as casas e con que mobiliario contaban?

4 A porta de Ishtar encóntrase no Museo de Pérgamo (Berlín). Busca información en Internet e planifica unha visita virtual a este: onde se encontra, que podes encontrar nel, etc.

Babilonia, símbolo de poder

O plano da cidade

Babilonia tiña forma de rectángulo irregular, que o río Éufrates dividía en dous sectores unidos por unha ponte. Ao interior da cidade accedíase a través de oito portas monumentais, como a de Ishtar.

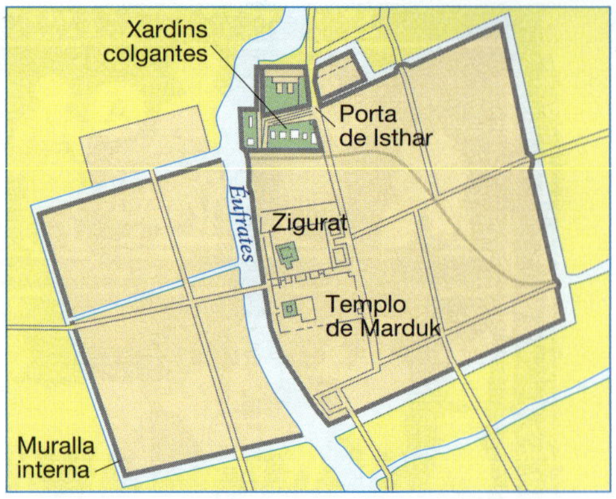

As defensas

A cidade estaba defendida por dous cintos de grosas murallas.

O cinto interior constaba de dous muros reforzados por torres cada 15 metros. O cinto exterior estaba constituído por unha muralla de 18 km, de forma triangular, con torres. Diante escavouse un foso navegable, por onde corrían as augas do Éufrates rodeando a cidade por todas as partes.

As vivendas

Construíanse con ladrillos de barro. As das familias importantes constaban de dúas ou tres plantas e tiñan un patio interior. Os máis pobres vivían en pequenas cabanas de teito plano.

O mobiliario

Os mobles eran escasos. Os ricos tiñan unha cama alta e cadeiras de brazos. Os pobres durmían en esteiras de canas.

O bulicio das rúas

As rúas de Babilonia eran buliciosas e cheas de vida. Estaban repletas de comerciantes, artesáns e estranxeiros chegados doutros lugares, como Exipto e a India.

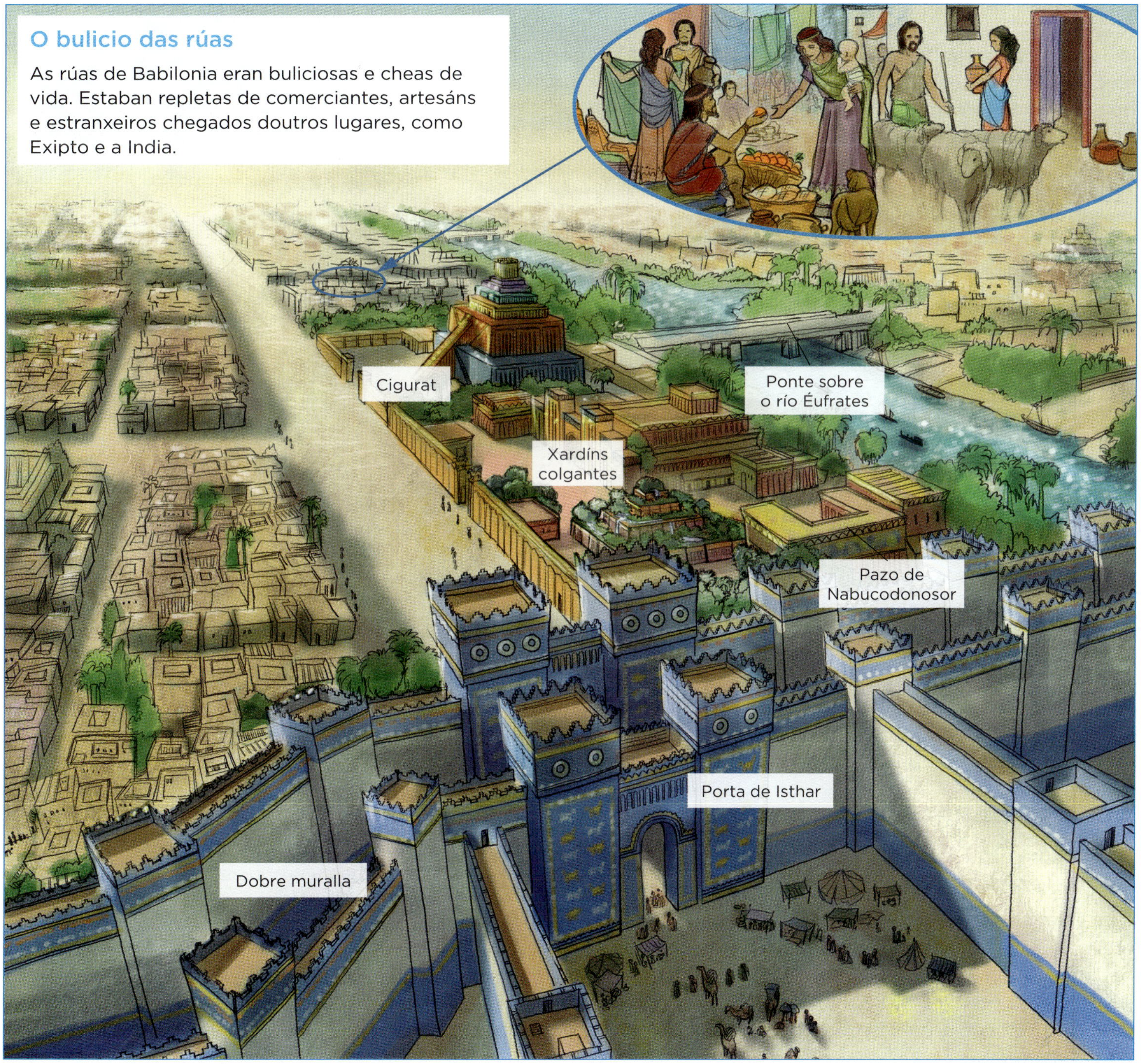

5 O legado cultural e artístico

5.1 A escritura cuneiforme

A **escritura** foi a principal achega cultural de Mesopotamia. Xurdiu entre os sumerios cara ao 3250 a. C., e coñécese como escritura **cuneiforme,** xa que se realizaba en taboíñas de arxila branda cun punzón que deixaba trazos en forma de cuña. As taboíñas, despois, deixábanse secar ao sol ou cocíanse nun forno.

Con este tipo de escritura redactáronse numerosos documentos administrativos e económicos, poemas e códigos ou recompilacións de leis, como o **código de Hammurabi.**

Ademais, os sumerios cultivaron numerosas **ciencias,** como a astroloxía, para elaborar horóscopos; a astronomía, que lles permitiu crear un calendario moi exacto, e as matemáticas, para levar a contabilidade e medir as terras.

A escritura cuneiforme

5.2 A arquitectura. Templos e palacios

A pedra era moi escasa en Mesopotamia. Por iso, a arquitectura utilizou **materiais** pobres, como o adobe, que era barro mesturado con palla e secado ao sol; e o ladrillo, feito de pezas rectangulares de barro cocido.

Na cuberta dos edificios empregouse, por primeira vez na historia, o **arco** e a **bóveda.**

As edificacións máis importantes foron os templos e os pazos.

- Os **templos** foron unha creación sumeria, e incluían no seu recinto un cigurat ou torre graduada. Os máis significativos son o de Ur e o de Babilonia, consagrado ao deus Marduk.
- Os **palacios** foron unha creación acadia, continuada despois polos asirios e os persas. Estaban rodeados de murallas, nas que se abrían grandes portas, e contiñan diversas estancias. Para embelecelos, recubríanse con relevos, cerámica vidrada e frescos.

  Os pazos máis famosos foron o de **Khorsabad,** mandado edificar polo rei asirio Sargón II, e o de **Babilonia,** construído baixo o reinado de Nabucodonosor. Nesta época levantáronse tamén os **Xardíns Colgantes** de Babilonia, unha das sete marabillas do mundo antigo.

5.3 A escultura e a cerámica vidrada

A **escultura** produciu estatuas de personaxes notables, como a do rei Gudea (véxase a súa representación na epígrafe 3), e relevos.

Nos **relevos** representáronse figuras de touros alados con cabeza humana, cuxa función era protexer as portas dos pazos; e escenas de guerra e caza, como as do pazo de Khorsabad. Algúns relevos fixéronse en ladrillos vidrados, como os que decoraban a porta de Isthar en Babilonia (véxase o debuxo de Babilonia na dobre páxina anterior).

Avanza en competencias

Comprender textos

1 Imaxina que es escriba en Mesopotamia:

a) A que grupo social pertencerías?

b) Cales serían os teus instrumentos de traballo?

c) Que tipo de documentos escribirías?

Organizar información

2 Fai un esquema sobre a arquitectura mesopotámica.

Apreciar técnicas artísticas

3 Responde a esta pregunta: por que se recubrían os edificios con cerámica vidrada?

Achegas arquitectónicas e escultóricas

O adobe, o ladrillo e o cigurat

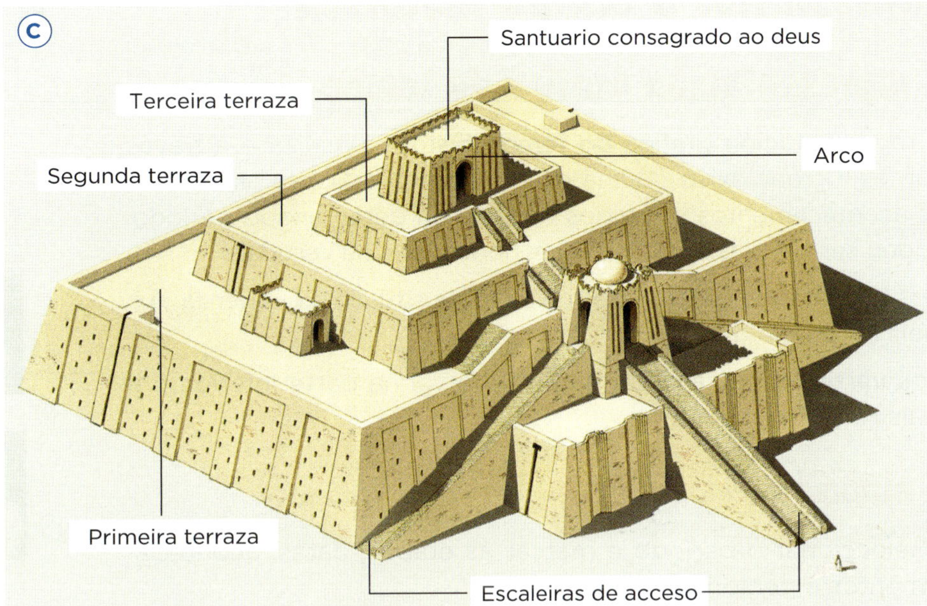

▲ A **arquitectura** mesopotámica utilizou como materiais o adobe **(A)** e o ladrillo **(B)**, que ás veces se esmaltaba e vidraba **(G)** para preservalo mellor da humidade. Con estes materiais levantáronse enormes construcións, como o cigurat **(C)**, que enlazaba os humanos cos deuses e tamén servía de observatorio astronómico.

▼ En **escultura** destacaron os relevos de touros alados **(D)**, que protexían as entradas das cidades e os pazos; as estelas, como a que recolle o código de Hammurabi **(E)**; as escenas de caza, como a leoa ferida do pazo de Asurbanipal **(F)**; e os frisos dos pazos en cerámica vidrada, como o friso dos arqueiros do pazo de Susa **(G)**.

Analizar estilos e obras

4 Describe o cigurat, incluíndo o material e os elementos que o compoñen.

5 Que representaban as esculturas de Mesopotamia? Diferencia entre as estatuas e os relevos.

A escultura e o relevo monumentais

Representar o tempo histórico

A representación gráfica do tempo

A **representación gráfica do tempo histórico** realízase a través dun eixe cronolóxico ou liña do tempo. Nel sitúanse as datas e os acontecementos ocorridos durante un determinado período. Poden ser simples ou complexos; horizontais ou verticais.

Nos **horizontais (A),** a data máis antiga sitúase á esquerda, e a máis recente á dereita.

Nos **verticais (B),** a data máis antiga vai na parte inferior, e a máis recente na superior.

A elaboración do eixe

- Seleccionar o período e marcar as etapas, datas, acontecementos e personaxes a situar.
- Trazar unha liña ou rectángulo de lonxitude proporcional ao tempo a representar. Nos seus extremos, localizar a data máis antiga e a máis recente, e subdividir a distancia entre ambas as dúas en tramos de igual duración en anos ou séculos.
- Marcar e rotular as etapas, e situar os acontecementos no seu lugar correspondente.
- Poñerlle un título, informando do tempo e o espazo que comprende.

O comentario do eixe

- **Observación.** Hai que indicar o espazo ao que se refire; e o tempo, sinalando as unidades temporais utilizadas (séculos, milenios, etc.) e os períodos ou etapas en que se divide.
- **Descrición.** Indicar en cada período ou subperíodo a cronoloxía que comprende e as súas principais datas e acontecementos.
- **Comentario.** Explicar os datos que recolle o eixe. Iso supón utilizar os coñecementos que se teñen sobre o tema. Se se descoñece algún, hai que informarse previamente sobre el.

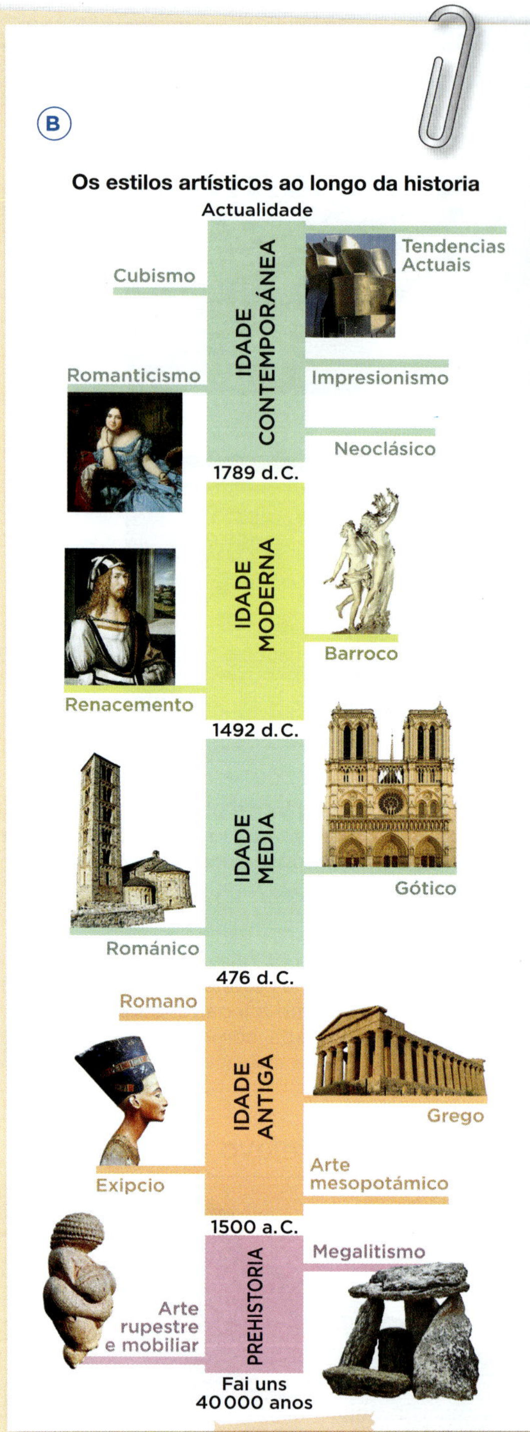

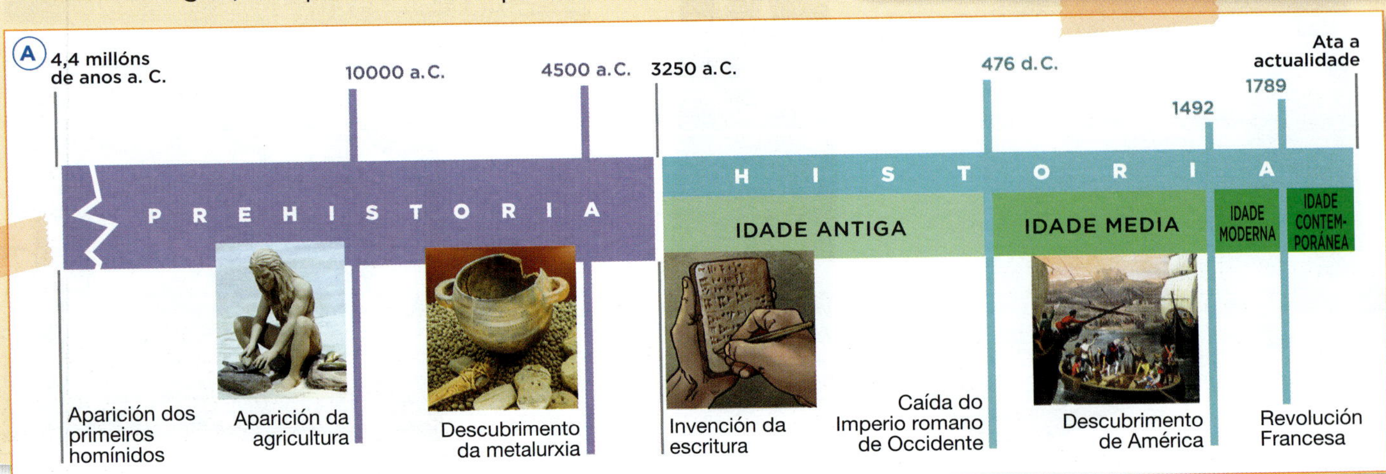

Elaboramos e comentamos un eixe

- **Períodos a representar**
  - — Sumerios: 3500 a. C.-2300 a. C.
  - — Acadio: 2300 a. C.-1830 a. C.
  - — Imperio babilónico: 1830 a. C.-1530 a. C.
  - — Imperio asirio: 1530 a. C.-625 a. C.
  - — Imperio neobabilónico: 625 a. C.-539 a. C.
- **Acontecementos**
  - — 3500 a. C.: Primeiras cidades-estado sumerias.
  - — 3250 a. C.: Aparición da escritura.
  - — 2260 a. C.-2223 a. C.: Máxima extensión do imperio acadio con Naram-Sim.
  - — 1760 a. C.: Promulgación do código de Hammurabi.
  - — 883 a.C.-859 a. C.: Maior extensión do imperio asirio con Asurnasirpal II.
  - — 630 a. C.-562 a. C.: Máximo esplendor de Babilonia con Nabucodonosor II.
  - — 539 a. C.: Os persas conquistan Babilonia.
- **Realización do eixe**

  Seguindo as pautas dadas, representamos o tempo nun eixe. O resultado é a liña do tempo situada xunto a estas liñas.
- **Comentario**

  O eixe cronolóxico corresponde á civilización mesopotámica, que se estendeu entre os anos 3500 a. C. e 539 a. C. no territorio comprendido entre os ríos Tigre e Éufrates. Na súa historia distínguense cinco períodos, nos que se sinalaron algúns acontecementos significativos.
  - — O período sumerio (3500 a. C.-2300 a. C.) supuxo a aparición das primeiras cidades-estado independentes política e economicamente e a invención da escritura, que marca a entrada na historia.
  - — No período acadio (2300 a. C.-1 830 a. C.), formouse o primeiro grande imperio, que alcanzou a súa maior extensión con Naram-Sim.
  - — No imperio babilónico (1830 a. C.-1530 a. C.), Hammurabi promulgou un código que unificou a lexislación.
  - — No imperio asirio (1530 a. C.-625 a. C.), Mesopotamia foi sometida por un pobo guerreiro que constituíu un forte imperio, que alcanzou a súa maior extensión con Asurnasirpal II.
  - — No imperio neobabilónico (625 a. C.-539 a. C.), a cidade de Babilonia alcanzou o seu maior florecemento no reinado de Nabucodonosor II. Pouco despois, o territorio mesopotámico foi conquistado polos persas.

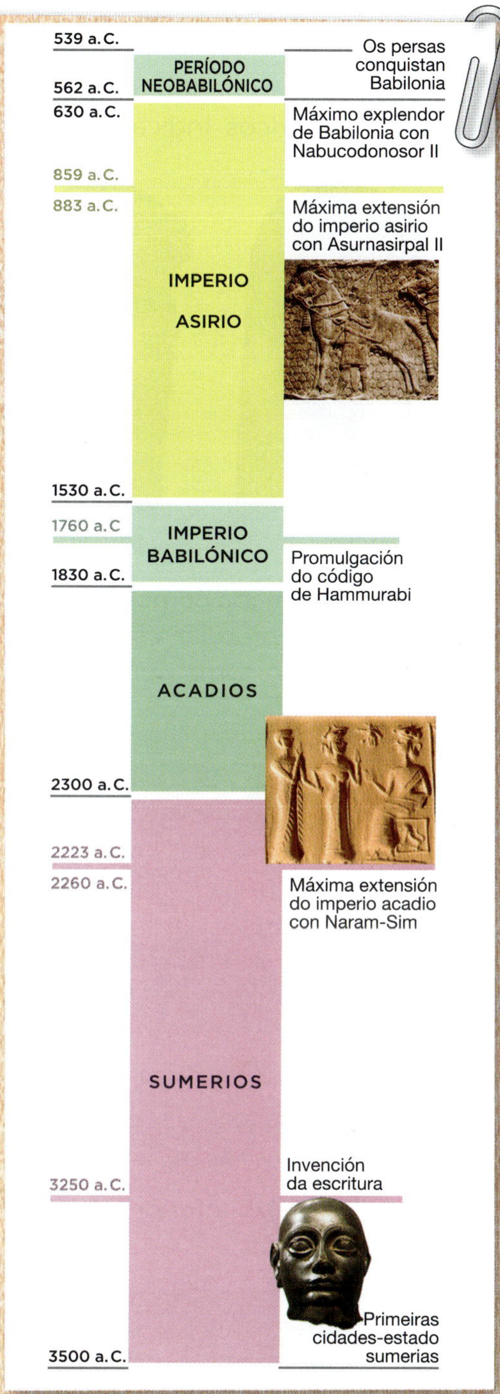

emprender aprender

Pon en práctica

1 Comenta o eixe horizontal da páxina anterior.

2 Acude ao teu concello ou ao arquivo municipal e infórmate sobre as datas esenciais da historia do teu municipio. Sitúaas despois nun eixe cronolóxico.

Comproba a túa aprendizaxe

1 Ordena, de máis antigo a máis recente, estes personaxes históricos. Indica despois o seu pobo.

Hammurabi

Sargón I

Asurnasirpal II

2 Localiza nun mapa como o inferior as civilizacións fluviais. Debes rotular os nomes dos ríos xunto á súa civilización correspondente.

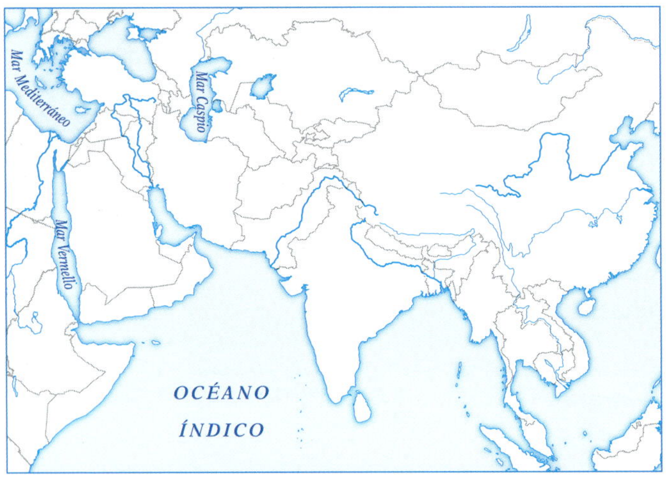

3 Observa a imaxe inferior e contesta ás preguntas con argumentos:

a) Que cambios se produciron nas civilizacións fluviais?

b) Quen fundou as primeiras cidades-estado e por que se orixinaron?

c) Por que a escritura mesopotámica se coñece como cuneiforme?

d) A pedra era escasa en Mesopotamia. Que consecuencias arquitectónicas se derivaron deste feito?

4 Le estes artigos do código de Hammurabi. A continuación, contesta a esta pregunta: que aspecto ou aspectos non se consideran hoxe socialmente aceptables e por que?

«Se un señor rouba un boi, un cordeiro, un asno, un porco ou unha barca, se o roubado pertence á relixión ou se pertence ao Estado, restituirá ata trinta veces o seu valor; se pertence a un subalterno restituirao ata dez veces. Se o ladrón non ten con que restituír, será castigado coa morte».

«Se un home rebentou o ollo dun home libre, rebentaráselle un ollo. Se rebenta o ollo dun servo... pagará unha mina de prata».

5 Comenta estas esculturas.

No teu comentario debes demostrar que comprendes a indumentaria e a situación da muller en Mesopotamia.

Tamén debes incluír estes termos: homes, mulleres, marido, sumerios, acadios, asirios, amas de casa e código de Hammurabi.

Comproba as túas competencias

Localizan en Iraq unha porta monumental semellante á de Ishtar

«Unha porta monumental, semellante á de Ishtar, foi localizada en 2013 durante as escavacións na que fora a antiga cidade de Babilonia.

O responsable do proxecto de reconstrución de Babilonia, o británico Jeff Allen, explicou que a nova porta, dedicada tamén á deusa Ishtar, era un dos accesos da muralla interior da cidade.

O arqueólogo precisou que os expertos deron con esta peza cando extraían terra da rúa e encontraron estatuas de animais pertencentes á porta, feita de ladrillo.

O achado sitúase a sete metros baixo terra, polo que se requirirá un grande esforzo para sacalo á superficie.

A outra porta de Ishtar, nome da deusa do amor, a guerra, a vida e a fertilidade, foi reconstruída en 1930 no Museo Pérgamo de Berlín a partir dos restos descubertos en Babilonia durante as campañas arqueolóxicas alemás levadas a cabo entre 1902 e 1914.

Foi creada no ano 575 a. C. por Nabucodonosor II no lado norte da cidade, e a través dela accedíase á cidade. Componse de numerosos ladrillos vidrados e está decorada con dragóns, touros, leóns e seres mitolóxicos».

Reelaborado dunha noticia de prensa.

1 Indica a resposta máis correcta.

A porta monumental encontrada é semellante á de Isthar porque:

a) Encontrouse en Babilonia e ten estatuas de animais.

b) Foi creada por Nabucodonosor II, aínda que está no Museo Pérgamo de Berlín.

c) A porta está dedicada á deusa Isthar, está feita en ladrillo e era un dos accesos á cidade.

2 Xustifica a expresión «a outra porta de Isthar».

3 Quen creou a porta de Isthar e en que século?

4 Realiza estes cálculos:

a) Cantos anos pasaron entre a construción da porta de Isthar e o achado realizado por Jeff Allen?

b) Cantos anos leva a porta de Isthar no Museo Pérgamo?

5 Contesta utilizando tamén os teus coñecementos sobre o tema:

a) En que país actual situarías a cidade de Babilonia?

b) Por que se construíu con ladrillos vidrados?

c) Con que figuras de animais se adornaban estas portas?

Vocabulario

A

Acroterio. Véxase dicionario visual de termos artísticos.

Albufeira. Lagoa litoral formada por auga salgada e separada do mar por un cordón ou restinga.

Amón-Ra. Deus principal da relixión exipcia xurdido no Imperio Novo da asociación de Amón, deus do vento da cidade de Tebas, con Ra, deus do sol da cidade de Heliópolis.

Amplitude térmica anual. Diferenza, en °C, entre a temperatura media do mes máis cálido do ano e a do mes máis frío.

Arco. Véxase dicionario visual de termos artísticos.

Aridez. Insuficiencia de auga no solo e na atmosfera. Prodúcese cando a precipitación é inferior á evaporación. Polo tanto a aridez é maior canto menor é a precipitación e máis elevada é a temperatura.

Aristoi. Palabra grega que significa 'os mellores'. Designaba as familias aristocráticas que eran donas de grandes propiedades e dirixían as polis oligárquicas.

Asteroide. Astro pequeno e irregular que xira ao redor dunha estrela. O sistema solar ten un cinto de asteroides entre Marte e Xúpiter. Poderían ser restos dalgún planeta desintegrado.

Autosuficiente. Termo aplicado a persoas, grupos ou economías que son autónomos para satisfacer as súas necesidades, sen ter que recorrer a intercambios con outros grupos ou persoas.

B

Barbeito. Técnica agraria que consiste en deixar descansar parte da terra, sen cultivala, durante certo tempo, para que recupere a fertilidade que vai perdendo cando se traballa de forma continuada.

Base. Véxase dicionario visual de termos artísticos.

Biodiversidade. Variedade de seres vivos que hai na Terra.

Bóveda. Véxase dicionario visual de termos artísticos.

C

Campiña. Campo extenso e chairo dedicado ao cultivo.

Canon. Véxase dicionario de arte.

Cerámica cardial. Véxase dicionario visual de termos artísticos.

Cerámica vidrada. Véxase dicionario visual de termos artísticos.

Chaira aluvial. Zona plana formada polos sedimentos depositados polo río.

Chuvia ácida. Precipitación que ten un grao de acidez superior ao normal. Prodúcese cando certas substancias, como o dióxido de xofre e os óxidos de nitróxeno desprendidos por certas industrias e instalacións enerxéticas, se mesturan co vapor de auga e caen á superficie terrestre. Ocasiona danos na vexetación, as augas, o solo e os edificios.

Cítara. Instrumento musical de cordas metálicas.

Cidade-estado. Conxunto formado por un núcleo urbano e os territorios rurais da súa contorna, que ten independencia política e económica.

Cometa. Astro formado por un corpo de xeo e unha ou varias colas gasosas, que brillan cando se achegan ao Sol.

Conventus. Subdivisión territorial das provincias da Hispania romana na que o gobernador provincial administraba xustiza.

Cordilleira. Sucesión de montañas aliñadas que enlazan unhas con outras.

Cuberta a dúas vertentes. Véxase dicionario visual de termos artísticos.

D

Delta. Acumulación dos sedimentos dun río na súa desembocadura. A miúdo, sobresae da liña da costa.

Democracia. Sistema de goberno caracterizado pola participación do pobo na toma de decisións, ben de forma directa, ou ben a través de representantes elixidos por votación. A diferenza da actual, a democracia grega era directa, pois calquera cidadán podía expresar as súas ideas nas reunións da Asemblea e votar as decisións por aclamación. Isto foi posible grazas a que as polis tiñan poucos habitantes. Tamén era unha democracia moito máis restrinxida, dado que se limitaba aos cidadáns, e excluía as mulleres, os estranxeiros e os escravos.

Día solar. Período de tempo transcorrido desde que o Sol se encontra no punto máis alto do horizonte ata que volve encontrarse novamente nese punto. A duración deste período de tempo é de 24 horas.

E

Enxoval funerario. Conxunto de roupas, mobles e outros obxectos necesarios para levar a cabo os rituais funerarios.

Equinoccio. Do latín *aequus* (igual) e *nox* (noite). Momento do ano en que os raios solares caen perpendiculares no ecuador e o día e a noite teñen a mesma duración.

Escriba. Funcionario estatal que, nas antigas culturas de Oriente Medio (Exipto, Mesopotamia, etc.), tiña por oficio levar as contas, redactar documentos ou copialos etc.

Escritura demótica. Aquel tipo de escritura que xurdiu no último período do Antigo Exipto. É unha escritura popular máis abreviada e simplificada que as dúas anteriores (xeroglífica e hierática).

Esfinxe. Figura mitolóxica que no antigo Exipto adoitaba ter corpo de león e cabeza humana, de carneiro ou de falcón. Era o símbolo da realeza, á que se lle atribuía a forza e o poder do león, e da vida despois da morte, polo que aparece en moitas tumbas.

Esmalte. Obra realizada sobre unha base de metal ou de cerámica a partir de pasta obtida de fundir po de cristal a temperaturas entre 750 °C e 850 °C. A pasta endurécese ao arrefriarse, formando unha capa suave e vidrada. O esmalte pode aplicarse sobre a base en frío ou en quente.

Estreito. Paso natural angosto entre dúas terras que permite a comunicación entre dous océanos ou mares. Por exemplo, o estreito de Xibraltar, entre África e Europa, permite comunicar o océano Atlántico e o mar Mediterráneo.

Estrela. Astro con enerxía, calor e luz propios.

F

Filipo de Macedonia. Rei da rexión de Macedonia (382-336 a. C.) que organizou un exército numeroso, forte e disciplinado, co que conquistou e impuxo a súa hexemonía sobre as polis gregas. Sucedeuno o seu fillo, Alexandre Magno.

Fosa tectónica. Depresión estreita e alongada formada polo afundimento dun bloque da codia terrestre.

Fresco. Véxase dicionario visual de termos artísticos.

G

Guerra de guerrillas. Táctica de loita na que non se presenta batalla directa ao inimigo. Consiste en ataques rápidos e por sorpresa, baseados no coñecemento do terreo.

H

Hexemonía. Supremacía dun territorio sobre os demais.

Hélade. Nome dado polos antigos gregos ao territorio habitado polos gregos ou helenos. Naquel momento comprendía a península balcánica, as illas gregas dos mares Exeo e Xónico e as costas de Asia Menor.

Herexía. Doutrina ou crenza relixiosa contraria á doutrina oficial da Igrexa católica.

Hispania. Denominación dada á península ibérica polos fenicios e logo usada polos romanos.

I

Imperio. Estado que estende o seu dominio sobre outros estados, normalmente pola forza das armas.

Infraestrutura. Conxunto de elementos ou servizos que se consideran necesarios para a creación e funcionamento dunha organización ou o desenvolvemento dunha actividade.

Institución. Organismo que desempeña unha función concreta, xeralmente de interese público, para un Estado (institución estatal) ou unha comunidade de estados (institución internacional).

L

Liga de Delos. Alianza entre polis gregas establecida no ano 478 a. C., e encabezada por Atenas. Os seus membros pagaban cotas anuais para manter un tesouro, gardado na illa de Delos, que se usaría en caso dun ataque persa.

M

Magna Grecia. Nome antigo dos territorios gregos situados no sur da península itálica e Sicilia.

Marea. Ascenso e descenso diario do nivel do mar. Débese a dúas forzas que actúan en direccións opostas sobre a auga: a atracción gravitatoria do Sol e da Lúa, e a forza centrífuga orixinada pola rotación terrestre. O momento de maior nivel de auga chámase preamar (1) e, o de menor nivel, baixamar (2).

Marisma. Chaira de lama que se forma nas costas baixas e areentas a partir dos sedimentos achegados polos ríos e polo mar, que as cobre en preamar e as deixa ao descuberto en baixamar.

Montaña nova. Elevación formada na última oroxénese da Terra, sucedida na era terciaria, hai uns 55 millóns de anos. Adoita ter o cumio serrado.

N

Neve. Precipitación sólida que se forma cando a temperatura do aire baixa de 0 °C. Entón, o vapor de auga xéase formando pequenos cristais de xeo, que ao unirse forman as folerpas de neve.

Nubia. Territorio situado no extremo do Antigo Exipto. Na Antigüidade era coñecido como *Kush*. Actualmente, encóntrase repartido entre Exipto e Sudán.

O

Obras hidráulicas. Construcións destinadas a regular os recursos hídricos (encoros, canalizacións, desaugadoiros, etc.).

Órbita. Traxectoria que segue un obxecto arredor doutro.

P

Pasta de vidro. Véxase dicionario visual de termos artísticos.

Pericles. Político ateniense que viviu entre os anos 495 e 429 a. C. Foi elixido quince veces xefe do partido demócrata, e gobernou a cidade de Atenas durante 31 anos. O século V a. C. coñécese na historia de Grecia como o século de Pericles.

Pobos xermánicos. Habitantes dos territorios situados ao outro lado das fronteiras romanas dos ríos Rin e Danubio. Os romanos denomináronos co termo grego de «bárbaros», que significa «estranxeiros». O termo usárono tamén no sentido de «poucos civilizados», debido aos primitivos modos de vida destes pobos.

R

Raspadeira. Útil prehistórico cun ou varios bordos cortantes, que puido ser utilizado para raspar ou para cortar.

Rústica. Pertencente ao campo.

S

Sarabia. Precipitación en forma de pequenas bólas de xeo. Prodúcese cando, debido ao frío, as gotas de chuvia das nubes se transforman en cristais de xeo e son arrastradas cara a arriba por unha corrente de aire ascendente. A elevación aumenta o tamaño dos cristais de xeo ata que o seu peso os obriga a caer. Na caída fúndense en parte e son elevados de novo. O proceso repítese varias veces —espesándose as bólas en cada traxecto— ata que rematan caendo á superficie terrestre.

Satélite. Astro sen luz propia que xira arredor dun planeta.

Shaduf. Palabra árabe para designar o cegoñal. Foi un dispositivo usado polos antigos exipcios para elevar a auga desde unha canle ou un río e regar as terras situadas nun nivel máis alto. Consta dun ou dous paus verticais que suxeitan outro horizontal que ten un extremo moito máis longo. No extremo longo colócase unha corda atada a un recipiente, de pel ou de madeira; e no extremo curto, un contrapeso. Para sacar auga, empúrrase cara ao río ou canle o extremo longo co recipiente, que se somerxe ata enchelo. Entón sóltase, e o contrapeso faino subir cun lixeiro empuxón.

Serra. Cada unha das montañas que forman parte dunha cordilleira.

Sete marabillas do mundo. Sete obras de arte que os gregos do período helenístico consideraban dignas de ser visitadas pola súa beleza e a súa grandiosidade. Eran a Gran Pirámide de Gizeh, os Xardíns Colgantes de Babilonia, o templo de Artemisa en Éfeso, a estatua de Zeus de Olimpia, o Mausoleo de Halicarnaso, o Coloso de Rodas e o Faro de Alexandría.

Solsticio. Do latín *sol* (sol) e *stare* (permanecer). Momento do ano no que os raios solares caen perpendiculares nun dos trópicos e a desigualdade entre o día e a noite é máxima en cada hemisferio.

T

Troco. Intercambio dun produto por outro, sen utilizar moeda.

U

UNESCO. Organización das Nacións Unidas para a Educación, a Ciencia e a Cultura.

Dicionario visual de termos artísticos

Acroterio

Elemento decorativo que remata os vértices dun frontón ou cuberta. Utilizouse, por exemplo, nos templos gregos e romanos.

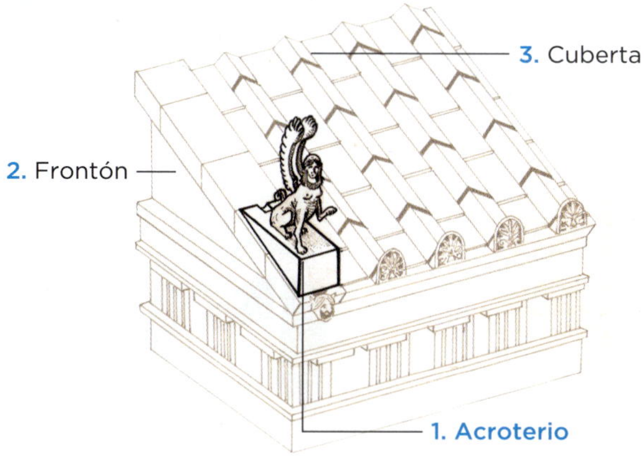

Arco

Elemento estrutural e de soporte de forma curva, composto por pezas ou doelas, que salva o espazo entre dous piares ou muros e permite cubrir vans de grande envergadura con materiais de pequeno tamaño.

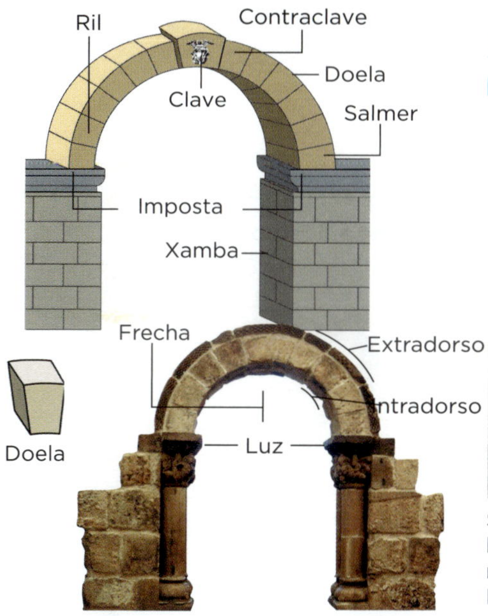

Algúns tipos de arco

De medio punto

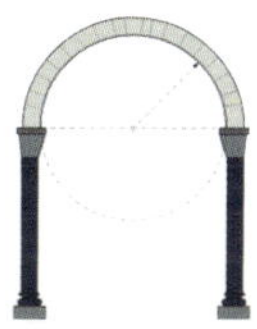

Semicircular. Utilizouse, sobre todo, en Roma, o románico, o Renacemento e o Neoclasicismo.

Triunfal

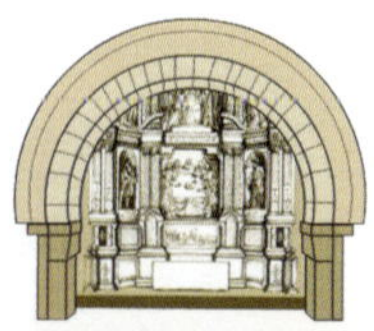

De orixe romana, nas basílicas paleocristianas separaba a nave principal da ábsida.

Ferradura

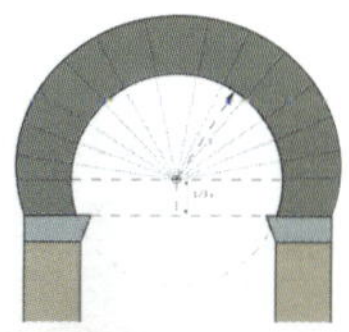

A curva prolóngase por debaixo do semicírculo. Utilizado por visigodos e musulmáns.

Arquitectura

Arte e técnica de deseñar edificios, é dicir, construcións destinadas a calquera actividade humana. Os edificios máis importantes foron, ao longo da historia, as vivendas, os templos, os pazos e os edificios de espectáculos (teatro, anfiteatro, circo, etc.).

Todos os edificios constan de elementos sustentantes (muro; e soportes, como a columna, o piar ou a pilastra); elementos sustentados (arcos, bóvedas, cúpulas, etc.); e elementos decorativos (molduras, acroterios, etc.).

Tamén existen elementos de transición entre os sustentantes e os sustentados; é o caso das trompas e das pendentes.

Templo romano, Maison Carrée (Nimes).

Base

En arquitectura é a plataforma que sostén un edificio. En escultura é o elemento que soporta unha estatua facendo de pedestal.

Arquitectura

Escultura

Bóveda

Teito ou cuberta curva dun edificio. Adoita xerarse pola prolongación dun arco ao longo dun eixe; por iso, as bóvedas reciben, xeralmente, o nome do arco xerador.

Algúns tipos de bóvedas

De medio canón

Orixínase polo movemento dun arco de medio punto sobre dous muros paralelos.

De aresta

Fórmase pola intersección de dúas bóvedas de canón. Ten catro arestas saíntes.

Canon

En sentido xeral, refírese á norma que establece como deben ser as relacións entre as distintas partes dunha obra para ser considerada clásica e harmónica.

En escultura, é a norma que establece a proporción ideal das distintas partes do corpo humano. Para lograr esa proporción ideal acódese a un módulo, ou medida convencional, que relaciona cada unha das partes do corpo co todo.

Canons escultóricos

Exipcio

Utiliza as dimensións do puño como módulo, e establece a proporción ideal do corpo humano de pé nos 18 puños: 2 para o rostro; 10 desde os ombros ata os xeonllos; e 6 para as pernas e os pés.

Grego. Policleto

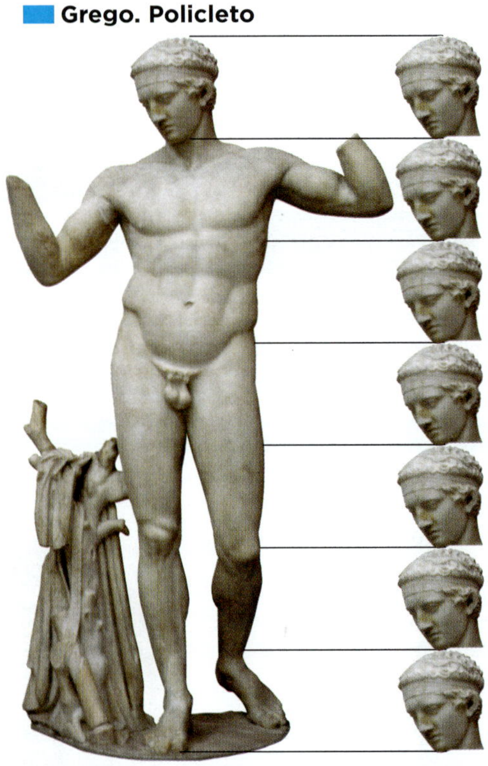

No século V a. C., o escultor Policleto estableceu no seu *Doríforo* o chamado canon das sete cabezas. Este canon converteuse no módulo a seguir para conseguir un corpo ben proporcionado.

Grego. Lisipo

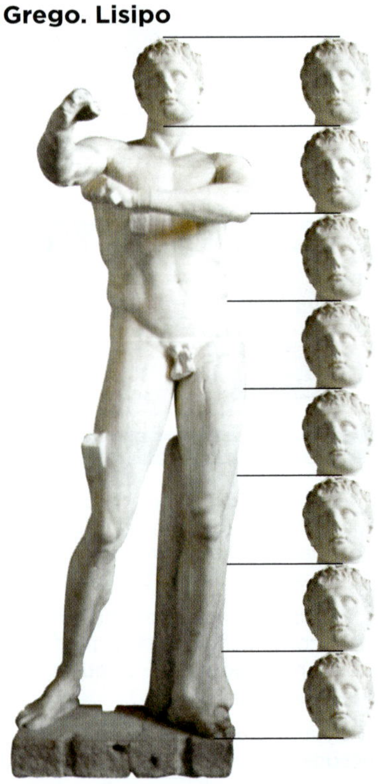

No século IV a. C., o escultor Lisipo propuxo no seu *Apoxiomeno* un novo canon, que estableceu en 8 cabezas.
A figura humana perfecta era, polo tanto, máis esvelta.

Capitel

Parte superior dunha columna, piar ou pilastra sobre a que apoia a parte inferior da cuberta do edificio ou o arranque dun arco. Existe unha gran variedade, segundo as épocas.

Algúns tipos de capiteis

Exipcio

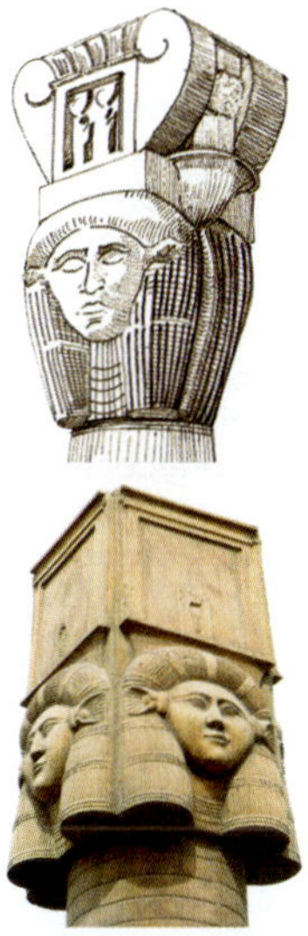

Dórico

Xónico

Corintio

Toscano

Cerámica

Arte de fabricar obxectos con arxila. Tamén se lles chama así aos obxectos creados.

Cardial

Cerámica decorada con incisións realizadas co bordo dentado dunha cuncha de molusco.

Vidrada

Cerámica na que a arxila se recobre cunha capa de esmalte que contén chumbo.

Ao quentarse no forno a 750 °C, o chumbo fusiónase coa arxila e toda a superficie queda recuberta por unha película vidrosa transparente. Pode colorearse se se engaden outros óxidos á fusión.

Columna

Elemento arquitectónico vertical e alongado cuxa sección adoita ser circular. Polo xeral, adoita soportar o peso da estrutura dun edificio, aínda que tamén se utiliza con fins decorativos.

Elementos

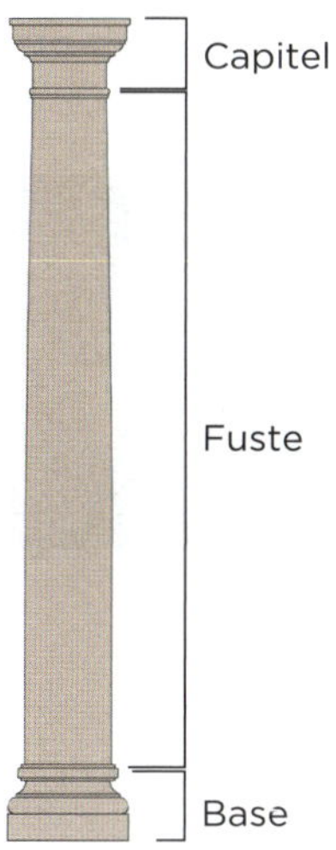

Tipos de columna

Exenta

Pegada

Cariátide

Cuberta

Cerramento superior dun edificio que o protexe dos fenómenos atmosféricos. En realidade, é a parte exterior do teitume, ou conxunto de elementos que compoñen a parte superior do edificio. A parte do teitume denomínase teito.

Tipos de cubertas

Alintelada

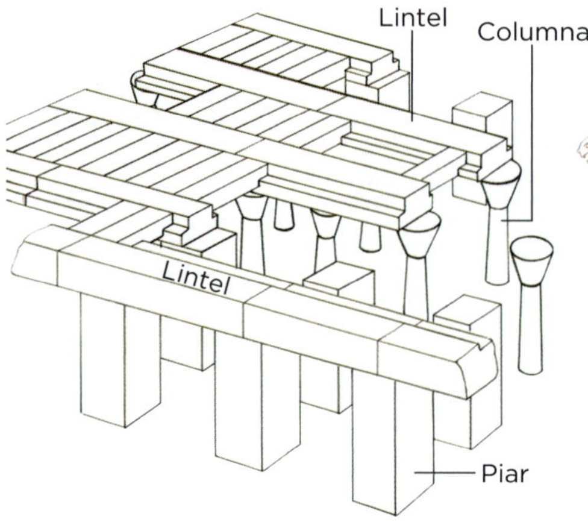

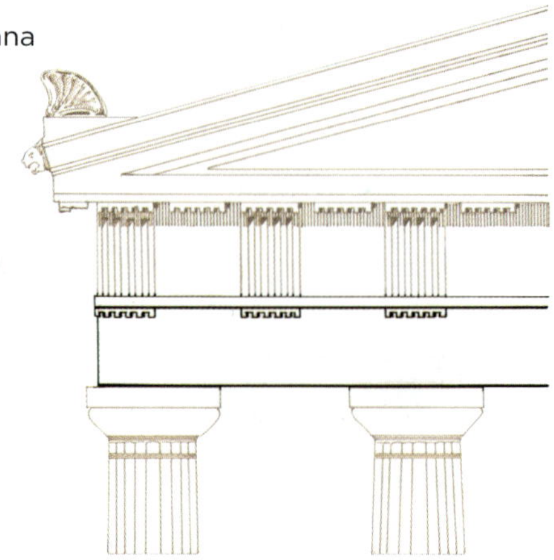

É unha cuberta realizada con elementos sostidos horizontais, como a arquitrabe ou o lintel; e elementos sustentantes verticais, como muros, piares ou columnas. Coñécese tamén como **plana** ou **arquitrabada.**

A dúas vertentes

Sistema de teitar un edificio utilizando dous faldróns inclinados que parten dunha viga central, chamada cumieira, situada no eixe. Tamén é coñecida como cuberta a dúas augas ou de gablete.

Abovedada

Sistema de teitar un edificio utilizando unha bóveda ou cuberta curva (ver bóveda e os seus tipos). Pode estar realizada con perpiaños de pedra ou con ladrillo. En ambos os dous casos, hai que utilizar unha cimbra ou armadura provisional de madeira.

Cúpula

Bóveda semiesférica. Utilízase para cubrir unha superficie redonda, cadrada, poligonal ou elíptica. O paso do cadrado ao círculo realízase por medio de pendentes ou de trompas.

Pendentes

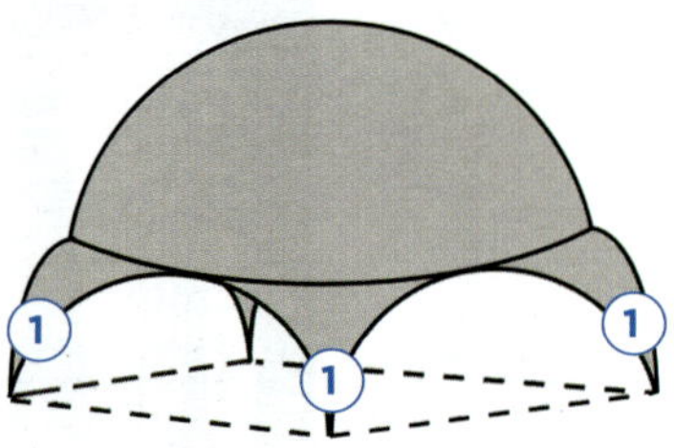

1. Pendente

As pendentes son triángulos esféricos e permiten pasar da planta cadrada á circular da cúpula.

Trompas

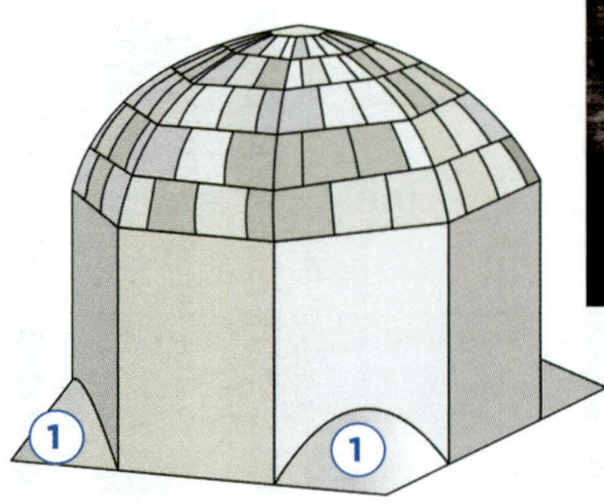

1. Trompa

As trompas son elementos cónicos que permiten pasar da planta cadrada á octogonal ou á circular.

Escultura

Arte de modelar, tallar e esculpir persoas, animais ou obxectos nas tres dimensións do espazo. Existen dous tipos fundamentais:

- A **escultura exenta,** ou de vulto redondo, é aquela que lle permite ao espectador desprazarse ao seu arredor; polo tanto, pódese contemplar desde varios puntos de vista.
- O **relevo** é unha escultura que non se apoia sobre si mesma, senón que resalta sobre o material no que está executada; normalmente, unha superficie máis ou menos plana.

Cando a escultura ou o relevo están vinculados á arquitectura reciben o nome de escultura e relevo arquitectónicos, respectivamente.

Tipos de esculturas exentas

Busto

Escultura que abrangue ata a metade superior do corpo. Foi moi utilizada na civilización romana.

Orante

Escultura na que a persoa representada se encontra en oración. Pode estar de pé ou axeonllada.

Sedente

Escultura na que o personaxe se representa sentado. Foi moi utilizada no antigo Exipto e Mesopotamia.

Xacente

Escultura na que o personaxe está máis ou menos tombado. Normalmente, colócase sobre o seu enterramento ou tumba.

Grupo escultórico

Escultura na que se representan varios personaxes. Adoitan ser máis dinámicas que as individuais.

Torso

Escultura na que a representación humana non presenta ou carece de cabeza, brazos e pernas.

Dama

Denominación específica utilizada, en ocasións, para referirse ás esculturas femininas.

Ronsel

Denominación utilizada para chamarlles aos monumentos conmemorativos con forma de monolito.

Tipos de relevos

Alto relevo

O relevo sobresae da superficie plana máis da metade.

Baixorrelevo

O relevo sobresae da superficie plana menos da metade.

Oco relevo

O relevo está reafundido no material, polo que non sobresae da superficie.

Materiais

Materia prima coa que está realizada unha obra arquitectónica, escultórica ou pictórica.

Exemplos de materiais construtivos

Adobe

Peza de construción realizada con barro mesturado con palla e secado ao sol. Adoita ter forma rectangular.

Ladrillo

Peza de construción realizada con barro cocido a altas temperaturas. Adoita presentar forma rectangular.

Perpiaño

Pedra labrada que forma parte dun muro ou soporte continuo. En xeral, ten forma de paralelepípedo.

Mármore

Rocha compacta formada por pedras calcarias. Para que a súa aparencia sexa máis vistosa adoita pulirse.

Cemento

Mestura de cal, pedras e area que se endurece coa auga.

É un invento romano.

Exemplos de materiais escultóricos

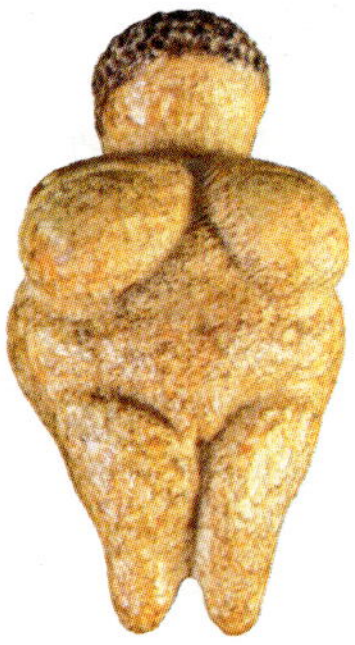

Pedra calcaria.

Hasta de reno.

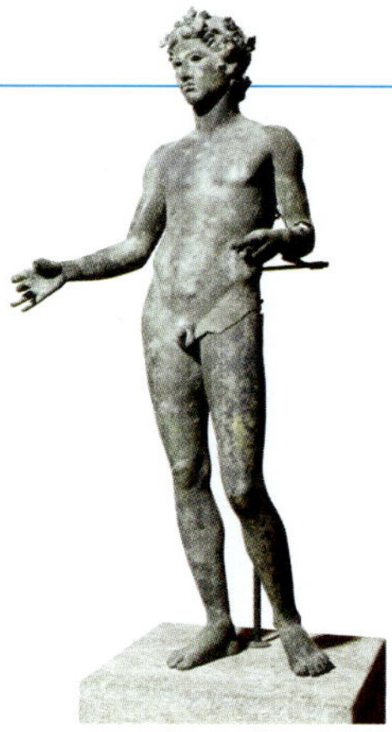

Bronce.

Madeira.

Mármore.

Exemplos pictóricos. O fresco

O fresco é unha técnica de pintura mural que utiliza pigmentos e auga de cal.

Os materiais aplícanse sobre unha parede enlucida con estuco (xeso e cola) mentres este está aínda húmido. Na Antigüidade foi moi utilizado. É o caso de Exipto, de Grecia, de Roma, e dos primitivos cristiáns.

Fresco exipcio.

Fresco grego.

Fresco romano.

Fresco paleocristián.

Pintura

Arte de representar persoas, obxectos ou ideas utilizando pigmentos mesturados con substancias aglutinantes. Os pigmentos son substancias naturais en po, e achegan a cor; os aglutinantes, como cera, óleo, tinta, etc., utilízanse para fixar os pigmentos.

Tamén recibe o nome de pintura o soporte pintado, que pode ser o muro, a táboa, o lenzo, o papel, o chan, o papiro ou o pergameo.

Algúns exemplos de pinturas

Monocroma

Pintura en cuxa confección se utiliza unha soa cor.

Polícroma

Pintura en cuxa realización se usan varias cores.

Mural

Pintura que se realiza utilizando o muro como soporte.

Papiro

Planta acuática moi común no antigo Exipto. Co seu núcleo de fibra facíase o precedente do actual papel. Utilizouse como soporte para textos xeroglíficos e pinturas.

Mosaico

Decoración formada a partir de pequenas pezas de cores, chamadas teselas, dispostas sobre un fondo de cemento. Como soporte utilízase o muro ou o chan.

Planta

Corte ou sección horizontal dun edificio trazado a pouca altura do chan.

Algúns tipos de plantas

In antis

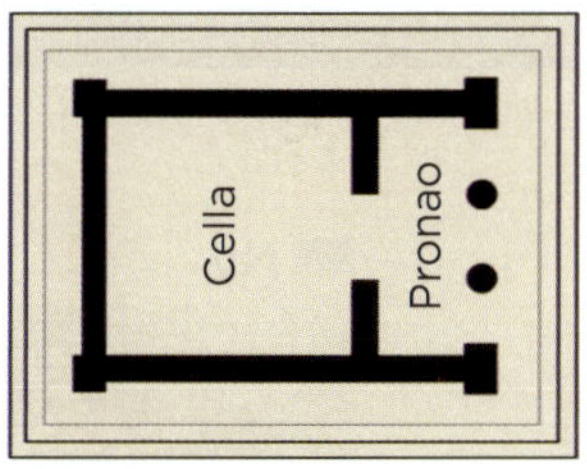

A cella está precedida dun pórtico (pronao) con dúas columnas

Próstilo

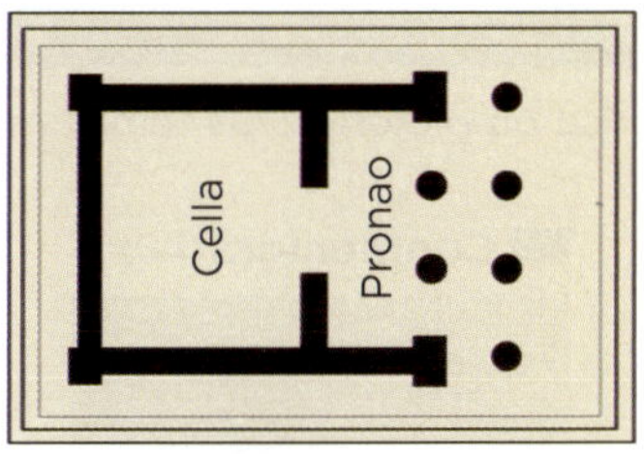

O pronao está precedido por unha fila de columnas.

Anfipróstilo

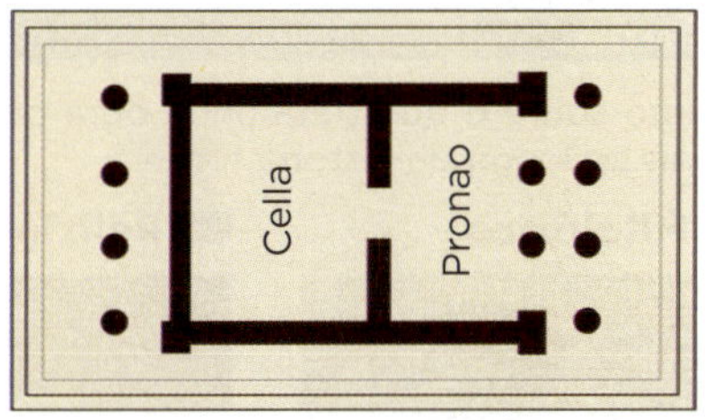

A fila de columnas repítese na parte posterior do templo.

Períptero

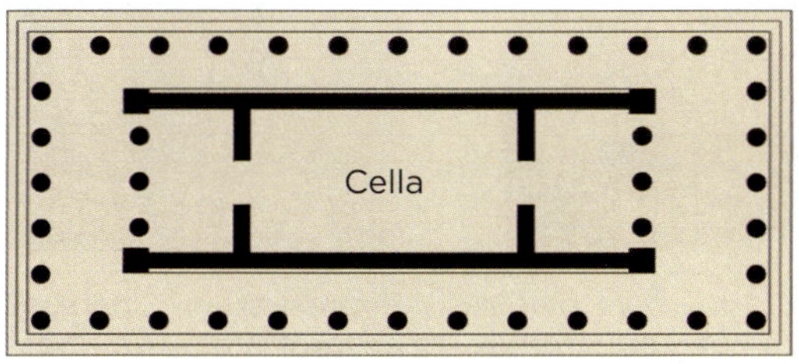

As columnas rodean todo o edificio.

Circular

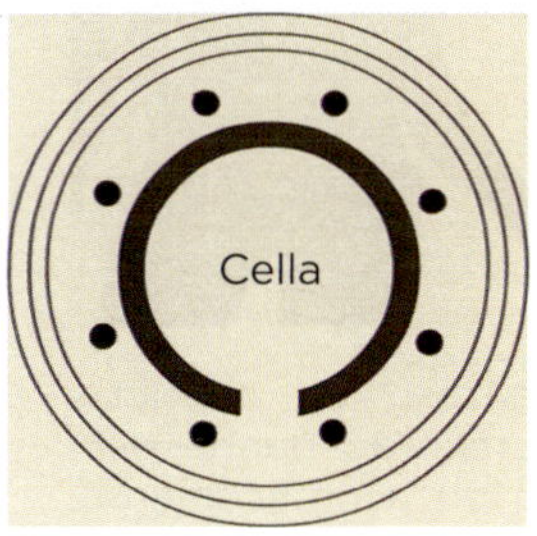

Planta con forma de círculo. Adoita estar rodeada por un anel de columnas.

Pseudoperíptero

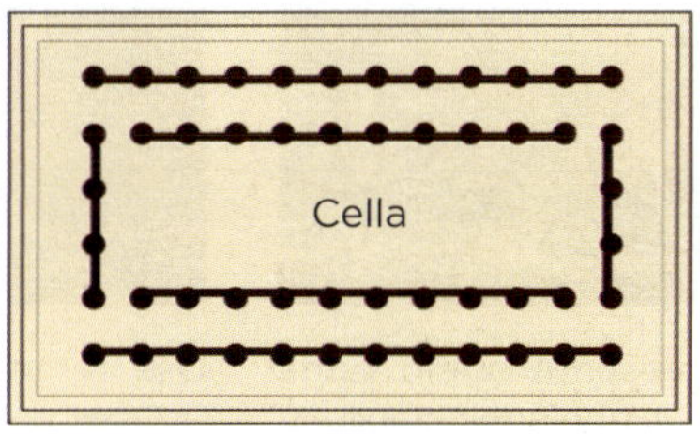

As columnas están pegadas ao muro da cella.

Sección vertical

Corte ou sección dun edificio realizado de forma perpendicular ao chan.

Sección da basílica da cidade de Faro proxectada por Vitrubio.

Sección das tendas de prateiros no foro romano, proxectadas por Vitrubio.

Soporte

Calquera peza que serve de base a outra. En arquitectura, os máis usuais son a columna, o piar, a pilastra e o muro. En escultura, o plinto ou pedestal e a base. E en pintura, a táboa, o lenzo, o papel, o vidro, o metal e a cerámica.

Exemplos de soportes arquitectónicos

Piar

Columna

Pilastra

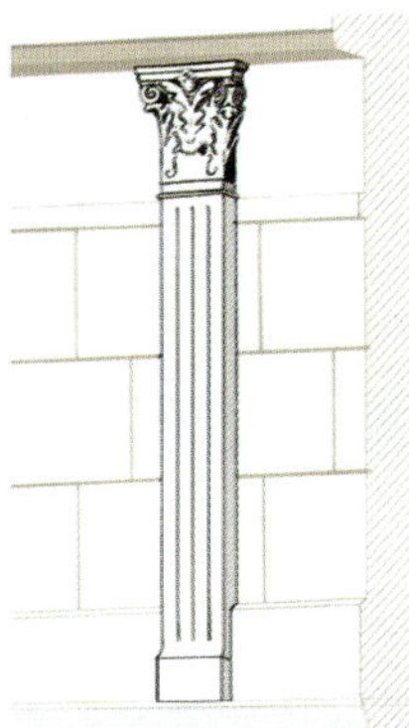

Muro de perpiaños regulares

Muro de perpiaños irregulares

Tema

Asunto sobre o que trata unha obra de arte escultórica ou pictórica. Os temas máis usuais ao longo da historia foron:

Mitolóxico

Representa como tema ou asunto escenas ou figuras procedentes da mitoloxía.

Relixioso

Usa temas, escenas ou figuras procedentes dos feitos dunha relixión.

Conmemorativo

Realízase en memoria ou recordo dunha persoa ou acontecemento, como un aniversario.

Retrato

Escultura ou pintura dunha persoa (retrato individual) ou de varias (retrato colectivo).

Nu

Representa persoas desprovistas de vestimenta, sexa total ou parcialmente.

Templo

Construción relixiosa dedicada ao culto sagrado e á oración. Ata a época contemporánea, moitas destas edificacións foron as construcións máis grandes da súa época.

Algúns tipos de templos

Exipcio

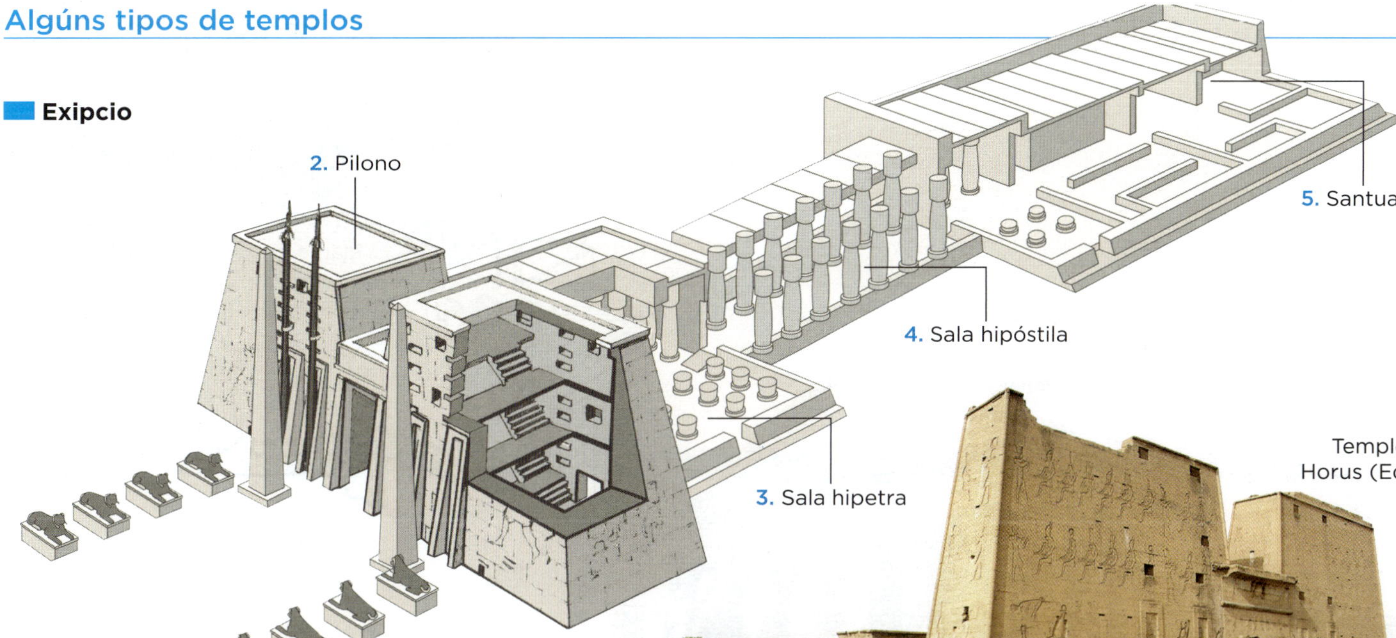

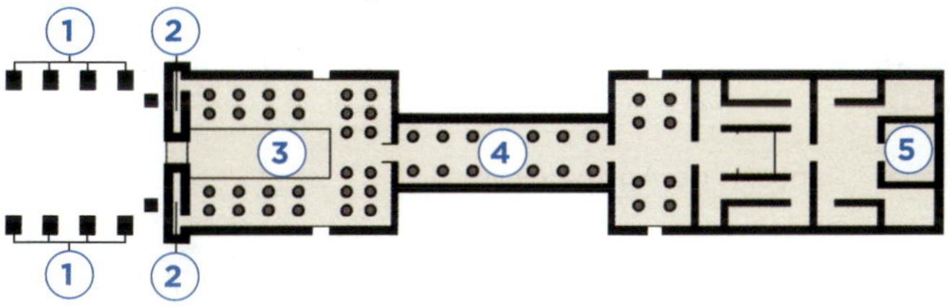

Templo de Horus (Edfú).

Grego

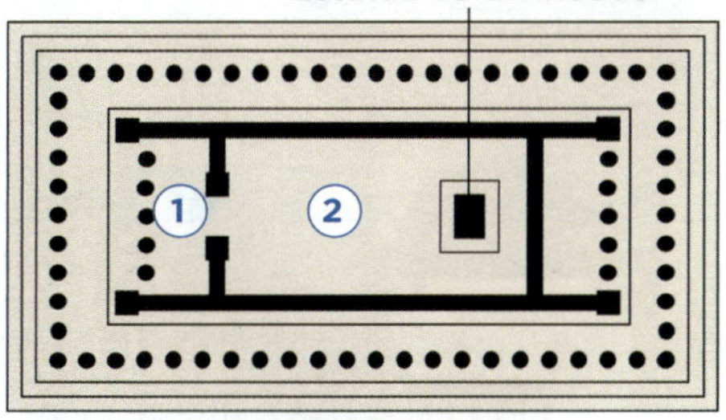

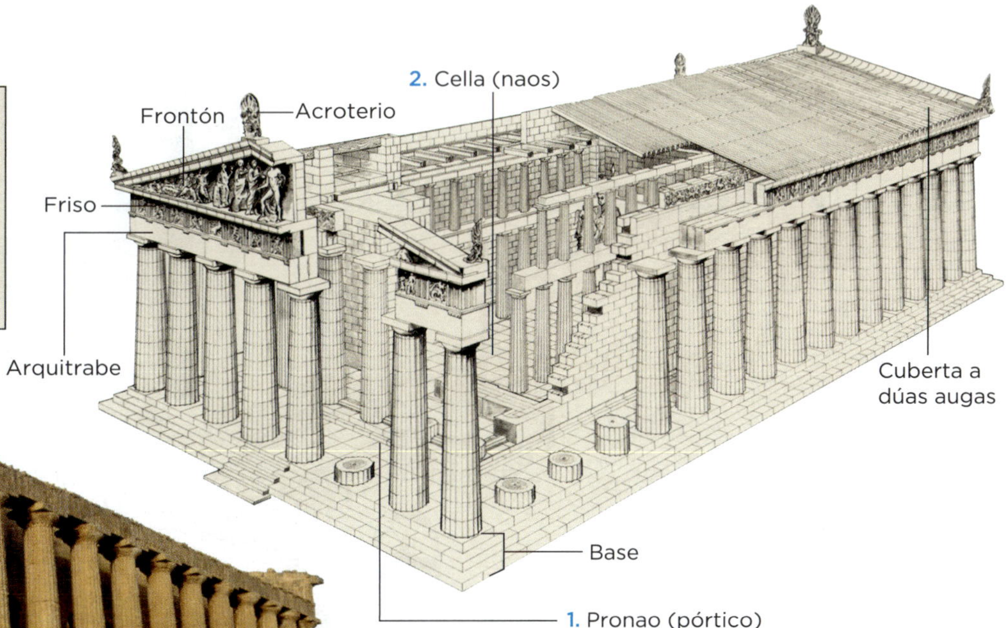

Templo da Concordia (Sicilia).

Templo

Romano

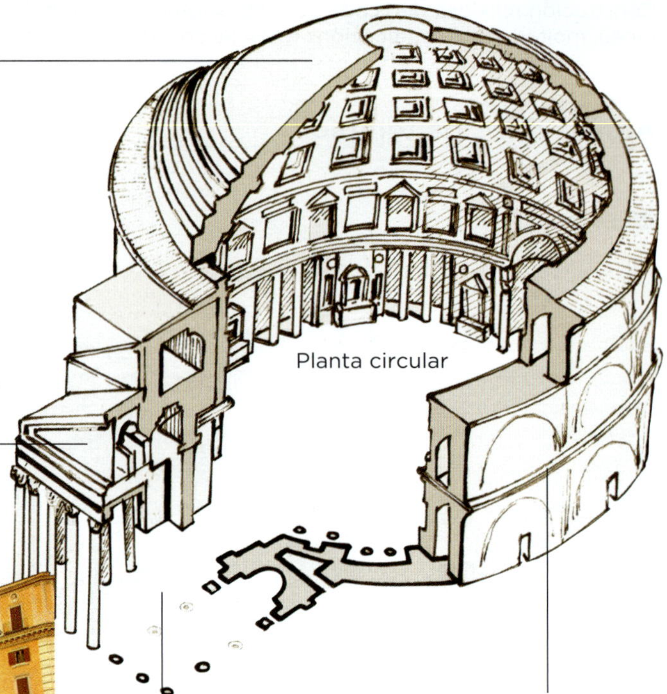

Panteón de Agripa (Roma).

Basílica paleocristiá

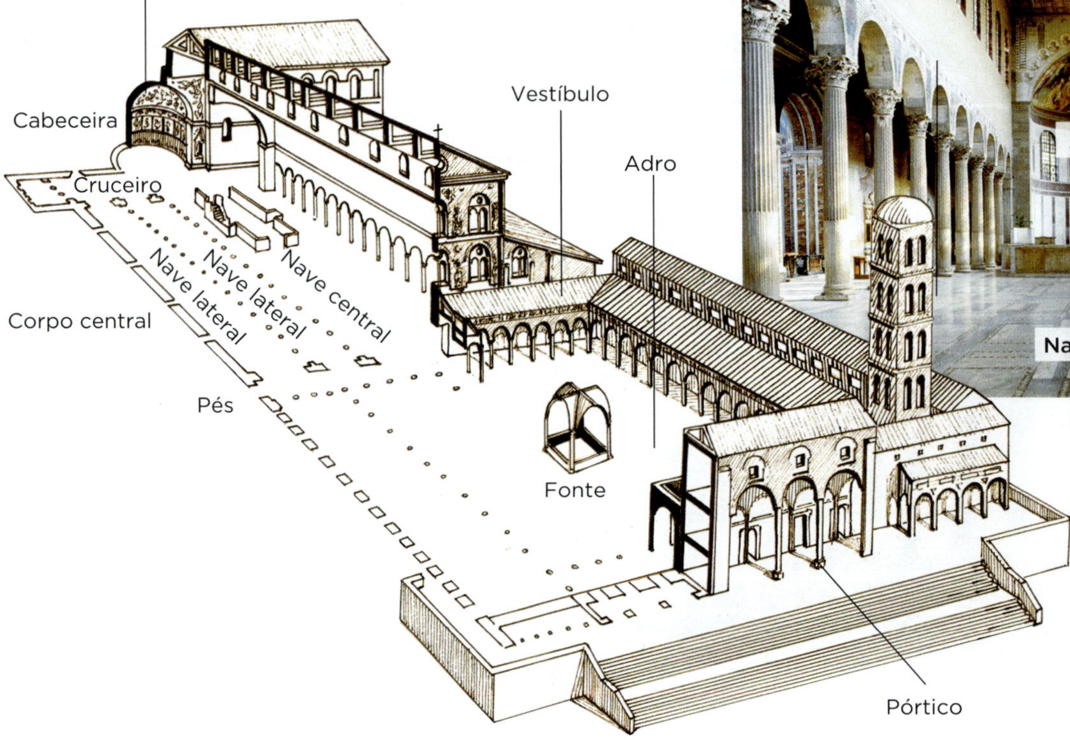

Basílica de Santa Sabina (Roma)

Anexo: datos básicos e mapas políticos

TERRA

Principais alturas (m)	Cordilleira	Principais ríos (km)	Principais lagos (km²)
Everest, 8 848	Nepal-Himalaya, Asia	Nilo, 6 671 (África)	Mar Caspio, 371 000 (Asia)
K2, 8 611	Karakorum, Asia	Amazonas, 6 280 (A. do Sur)	Superior, 84 131 (A. do Norte)
Kangchenjunga, 8 586	Nepal-Himalaya, Asia	Yangtsé, 5 800 (Asia)	Victoria, 68 100 (África)
Lhotse I, 8 501	Nepal-Himalaya, Asia	Obi, 5 410 (Asia)	Mar de Aral, 66 500 (Asia)
Makalu I, 8 481	Nepal-Himalaya, Asia	Huang He, 4 845 (Asia)	Hurón, 61 797 (A. do Norte)
Lhotse II, 8 400	Punjab-Himalaya, Asia	Paraná, 4 700 (A. do Sur)	Míchigan, 58 016 (A. do Norte)

ÁFRICA

Principais alturas (m)	Cordilleira	Principais ríos (km)	Principais lagos (km²)
Kilimanjaro, 5 895	Kilimanjaro	Nilo, 6 671	Victoria, 68 100
Kenia, 5 199	Kenia	Congo, 4 670	Tanganica, 32 893
Stanley, 5 110	Ruwenzori	Níger, 4 160	Malaui, 30 800
Meru (volcán), 4 565		Zambeze, 2 660	Chad, 16 300
Ras Dashan, 4 553	Simen	Ubangui, 2 250	Turkana, 8 600
Karisimbi, 4 507	Virunga	Kasai, 1950	Alberto, 5 400

AMÉRICA DO NORTE

Principais alturas (m)	Cordilleira	Principais ríos (km)	Principais lagos (km²)
Mckinley, 6 194	Alaska	Mackenzie, 4 241	Superior, 84 131
Logan, 5 959	San Elías	Misisipí, 3 778	Hurón, 61 797
Orizaba, 5 610	Neovolcánica	Misuri, 3 726	Michigan, 58 016
San Elías, 5 489	San Elías	Yukón, 3 185	Gran Lago do Oso, 31 792
Popocatepetl, 5 452	Neovolcánica	San Lorenzo, 3 058	Gran Lago do Esclavo, 28 438
Ixtaccihualt, 5 286	Neovolcánica	Río Grande, 2 870	Erie, 25 612

AMÉRICA DO SUR

Principais alturas (m)	Cordilleira	Principais ríos (km)	Principais lagos (km²)
Aconcagua, 6 960	Andes	Amazonas, 6 280	Maracaibo, 14 243
Ojos del Salado, 6 908	Andes	Paraná, 4 700	Nicaragua, 8 430
Mercedario, 6 770	Andes	Madeira, 3 200	Titicaca, 8 300
Tocorpuri, 6 754	Andes	San Francisco, 2 900	
Llullaillaco, 6 723	Andes	Tocantins, 2 750	
Huascarán, 6 768	Andes	Paraguay, 2 600	

ASIA

Principais alturas (m)	Cordilleira	Principais ríos (km)	Principais lagos (km²)
Everest, 8 848	Nepal-Himalaya, Asia	Yangtsé, 5 800	Mar Caspio, 371 000
K2, 8 611	Karakorum, Asia	Obi, 5 410	Mar de Aral, 66 500
Kangchenjunga, 8 586	Nepal-Himalaya, Asia	Huang He, 4 845	Baikal, 31 500
Lhotse I, 8 501	Nepal-Himalaya, Asia	Mekong, 4 500	Baljash, 18 200
Makalu I, 8 481	Nepal-Himalaya, Asia	Amur, 4 416	Issik-Kul, 6 280
Lhotse II, 8 400	Punjab-Himalaya, Asia	Lena, 4 400	Urmia, 5 800

EUROPA

Principais alturas (m)	Cordilleira	Principais ríos (km)	Principais lagos (km²)
Elbrus, 5 642	Cáucaso	Volga, 3 531	Ladoga, 18 400
Mont Blanc, 4 808	Alpes	Danubio, 2 860	Onega, 9 610
Monte Rosa, 4 634	Alpes	Ural, 2 428	Vänern, 5 585
Cervino, 4 477	Alpes	Dnepr, 2 201	Saimas, 4 400
Finsteraarhorn, 4 274	Alpes	Kama, 2 032	Peipus, 4 300
Aletschhorn, 4 195	Alpes	Don, 1870	Ilmen, 2 200

OCEANÍA

Principais alturas (m)	Cordilleira	Principais ríos (km)	Principais lagos (km²)
Puncak Jaya, 5 030	Nova Guinea	Murray-Darling, 3 750	
Wilhem, 4 508	Nova Guinea		
Mauna Kea, 4 205	Hawai		
Manua Loa, 4 169	Hawai		
Cook, 3 754	Alpes Australianos		
Kosciusko, 2 230	Gran Cordilleira Divisoria		

MAPA POLÍTICO DE ÁFRICA

OCÉANO GLACIAL ÁRTICO
Mar de Beaufort
Mar de Bering
Alaska (EEUU)
Círculo Polar Ártico
Mar do Labrador
C A N A D Á
Vancouver
Montreal
Toronto
OTTAWA
E S T A D O S U N I D O S
Nova York
Philadelphia
WASHINGTON
Chicago
Los Ángeles
San Diego
Tijuana
Phoenix
Dallas
Houston
San Antonio
Juárez
OCÉANO ATLÁNTICO
Trópico de Cáncer
Entidades de poboación
Máis de 5 000 000 hab.
De 2 000 000 a 5 000 000 hab.
De 1 000 000 a 2 000 000 hab.
De 500 000 a 1 000 000 hab.
De 100 000 a 500 000 hab.
De 50 000 a 100 000 hab.
Menos de 50 000 hab.
SAN JOSÉ Capital de Estado
No continente americano situáronse as capitais dos países e as cidades con poboación maior que 1 millón de habitantes.
0 500 1 000 1 500 km
Monterrey
MÉXICO
León
Guadalajara
CIDADE DE MÉXICO
Puebla
BAHAMAS
NASSAU
A HABANA
CUBA
REPÚBLICA DOMINICANA
SANTO DOMINGO
JAMAICA
HAITÍ
KINGSTON
PUERTO PRÍNCIPE
BELICE
BELMOPAN
GUATEMALA
HONDURAS
TEGUCIGALPA
NICARAGUA
MANAGUA
SAN SALVADOR
EL SALVADOR
SAN JOSÉ
COSTA RICA
PANAMÁ
Mar Caribe
Maracaibo
CARACAS
Barranquilla
Barquisimeto
Valencia
VENEZUELA
Medellín
BOGOTÁ
Cali
COLOMBIA
GUYANA
GEORGETOWN
PARAMARIBO
SURINAM
Guayana Francesa (FRANCIA)
OCÉANO PACÍFICO
Illas Galápagos (ECUADOR)
QUITO
ECUADOR
Guayaquil
Manaos
Belem
Fortaleza
B R A S I L
Recife
Maceió
PERÚ
LIMA
Salvador
BOLIVIA
LA PAZ
Santa Cruz
BRASILIA
Goiânia
Belo Horizonte
Río de Xaneiro
Campinas
São Paulo
Curitiba
PARAGUAY
ASUNCIÓN
CHILE
Trópico de Capricornio
Córdoba
Rosario
SANTIAGO
Porto Alegre
URUGUAY
MONTEVIDEO
ARXENTINA
Illas Malvinas (R.U.)
Ecuador
I. Virxes (RU)
I. Virxes (EEUU)
SAN JUAN
PUERTO RICO
ANTIGUA E BARBUDA
SAINT JOHN
BASSETERRE
SAINT KITTS E NEVIS
Guadalupe (FRANCIA)
DOMINICA
ROSEAU
Martinica (FRANCIA)
Mar Caribe
SANTA LUCÍA
CASTRIES
KINGSTOWN
BARBADOS
BRIDGETOWN
SAN VICENTE E AS GRANADINAS
GRANADA
SAINT GEORGE
TRINIDAD E TOBAGO
PUERTO ESPAÑA
VENEZUELA
0 100 200 300 km

OCÉANO GLACIAL ÁRTICO
90° N
Nova Zembla
Is. de Nova Siberia
Wrangel
Círculo Polar Ártico
Mar de Laptev
Mar de Bering
Mar de Okhotsk
Sakhalin
Is. Kurís
Hokkaido
Honshu
Shikoku
Kyushu
R U S I A
K A Z A K S T Á N
ASTANA (AQMOLA)
Alma-ata
Mar de Aral
Mar Caspio
Mar Negro
Istambul
ANKARA
Izmir (Esmirna)
T U R Q U Í A
XEORXIA
TBILISI
ARMENIA
EREVÁN
AZER-BAIXÁN
BAKU
UZBEKISTÁN
TASHKENT
TURKMENISTÁN
ASHGABAT
DUSHANBE
BISHKEK
KIRGHIZISTÁN
TAJIKISTÁN
NICOSIA
CHIPRE
LÍBANO
BAYRUT
SIRYA
DAMASCO
PALESTINA
RAMALLAH
XERUSALÉN
AMMAN
ISRAEL
XORDANIA
IRAQ
BAGHDAD
TEHERÁN
I R Á N
KUWAIT
ARABIA SAUDITA
RIYAD
MANAMA
BAHRAIN
DOHA
QATAR
ABU DHABI
EMIRATOS ÁRABES UNIDOS
MASQAT
OMÁN
Yiddah
SANAA
IEMEN
Mar Vermello
Mar Arábigo
I. Socotora
AFGANISTÁN
KABUL
ISLAMABAD
Lahore
PAKISTÁN
Karachi
Ahmadabad
Delhi
NOVA DELHI
Lucknow
Jaipur
Kanpur
NEPAL
KATHMANDÚ
THIMPHU
BUTÁN
BANGLADESH
DHAKA
I N D I A
Surat
Nagpur
Kolkata (Calcuta)
Mumbai (Bombay)
Pune
Hyderabad
Chennai (Madrás)
Bangalore
SRI LANKA
COLOMBO
SRI JAYAWARDANAPURA
MALDIVAS
MALE
Illas Andamán
Illas Nicobar
Mar de Andamán
MONGOLIA
ULAANBAATAR
C H I N A
Harbin
Shenyang
BEIJING
Xi'an
Nanjin
Wuhan
Shanghai
Chongqing
Guangzhou (Cantón)
Hong Kong
Hainan
COREA DO NORTE
PYONGYANG
SEÚL
Inchon
Taegu
Pusan
COREA DO SUR
Mar do Xapón
XAPÓN
TOKIO
Nagoya
Yokohama
Osaka
Mar da China Oriental
Trópico de Cáncer
Taipei
Taizhong
Gaoxiong
OCÉANO PACÍFICO
MYANMAR
YANGÓN
HA NOI
LAOS
VIENTIANE
THAILANDIA
BANGKOK
CAMBODJA
PHNOM PENH
VIET NAM
HO CHI MINH (SAIGÓN)
Mar da China Meridional
Luzón
Quezón
MANILA
FILIPINAS
Mindanao
Mar de Sulu
Mar de Sulawesi
BANDAR SERI BEGAWAN
BRUNEI
KUALA LUMPUR
M A L A Y S I A
SINGAPORE
Borneo
Sumatra
Illas Mentawai
I N D O N E S I A
Is. Molucas
Nova Guinea
Sulawesi (Célebes)
Mar de Banda
Mar de Xava
JAKARTA
Bandung
Xava
Surabaya
TIMOR ORIENTAL
DILI
Timor
Mar de Timor
Mar de Arafura
Ecuador
OCÉANO ÍNDICO
Entidades de poboación
Máis de 5 000 000 hab.
De 2 000 000 a 5 000 000 hab.
De 1 000 000 a 2 000 000 hab.
De 500 000 a 1 000 000 hab.
De 100 000 a 500 000 hab.
Menos de 100 000 hab.
TBILISI Capital de Estado
0 500 1000 1500 km

Entidades de poboación
Máis de 5 000 000 hab.
De 2 000 000 a 5 000 000 hab.
De 1 000 000 a 2 000 000 hab.
De 500 000 a 1 000 000 hab.
De 100 000 a 500 000 hab.
Menos de 100 000 hab.
PARÍS Capital de Estado
0 250 500 750 km
1 LUXEMBURGO
2 LIECHTENSTEIN
3 MÓNACO
4 SAN MARINO
5 CIDADE DO VATICANO
6 BOSNIA-HERZEGOVINA
7 SERBIA
8 MONTENEGRO
OCÉANO GLACIAL ÁRTICO
OCÉANO ATLÁNTICO
Mar de Noruega
Mar do Norte
Mar Báltico
Mar de Barents
Mar Cantábrico
Mar Mediterráneo
Mar Tirreno
Mar Xónico
Mar Exeo
Mar Negro
Mar de Azov
Mar Caspio
Círculo Polar Ártico
Meridiano de Greenwich
Groenlandia
ISLANDIA
REYKJAVIK
Il. Faeroe
Il. Shetland
Il. Hébridas
Il. Orcadas
IRLANDA
DUBLÍN
REINO UNIDO
Leeds
Manchester
Birmingham
LONDRES
NORUEGA
OSLO
SUECIA
STOKHOLM (ESTOCOLMO)
FINLANDIA
HELSINGFORS (HELSINKI)
Il. Aland
Gotland
Öland
DINAMARCA
KOVENHAVN (COPENHAGUE)
ESTONIA
TALLIN
LETONIA
RIGA
LITUANIA
VILNIUS
RUSIA
BELARÚS
MINSK
POLONIA
VARSOVIA
PAÍSES BAIXOS
AMSTERDAM
Rotterdam
BÉLXICA
BRUXELAS
Lille
LUXEMBURGO
ALEMANIA
Hamburg
BERLÍN
München
REP. CHECA
PRAGA
ESLOVAQUIA
BRATISLAVA
AUSTRIA
VIENA
VADUZ
HUNGRÍA
BUDAPEST
SUÍZA
BERNA
ESLOVENIA
LJUBLJANA
CROACIA
ZAGREB
SARAIEVO
BELGRADO
PODGORICA
TIRANA
ALBANIA
SKOPJE
MACEDONIA
BULGARIA
SOFÍA
ROMANÍA
BUCAREST
MOLDOVA
KISHINEV
UCRAÍNA
KIEV
Kharkov
Donetsk
Dnipropetrovsk
Odessa
RUSIA
Sant Petersburg
MOSCOVA
Nizhni Novgórod
Kazan
Samara
Perm
Ufa
Ekaterinburg
Chelyabinsk
Volgograd
Rostov
FRANCIA
PARÍS
Lyon
Marsella
MÓNACO
ANDORRA
ANDORRA LA VIEJA
ESPAÑA
MADRID
Barcelona
Valencia
Sevilla
PORTUGAL
LISBOA
Il. Baleares
Córsega
Sardeña
ITALIA
Milán
SAN MARINO
ROMA
Nápoles
Sicilia
MALTA
VALLETTA
GRECIA
ATENAS
Creta
Rodas
CHIPRE
NICOSIA
Il. Madeira
Il. Canarias
50° O
40° O
30° O
20° O
10° O
0°
10° L
20° L
30° L
40° L
50° L
60° L
70° L
70° N
60° N
50° N
40° N
30° N

Entidades de poboación
Máis de 2 000 000 hab.
De 1 000 000 a 2 000 000 hab.
De 100 000 a 1 000 000 hab.
De 10 000 a 100 000 hab.
Menos de 10 000 hab.
SUVA Capital de Estado
0 500 1 000 1 500 km
OCÉANO PACÍFICO
OCÉANO ÍNDICO
Trópico de Cáncer
Trópico de Capricornio
Ecuador 0°
Illas Midway (EE.UU.)
Illas Marianas Setentrionais (EE.UU.)
Guam (EE.UU.)
ILLAS MARSHALL
Bikini
Kwajalein
Illas Marshall
MAJURO
Illas Yap
KOROR
PALAU
Illas Carolinas
PALIKIR
MICRONESIA
Micronesia
Melanesia
Polinesia
Kauai
Oahu
Maui
Hawai
Illas Hawai
Hawai (EE.UU.)
Kiritimati
Espóradas ecuatoriales
BAIRIKI
Illas Gilbert
YAREN
NAURU
PAPÚA NOVA GUINEA
Nueva Guinea
Arqu. de Bismarck
Nueva Irlanda
Nueva Bretaña
Bougainville
ILLAS SALOMÓN
Santa Isabel
Malaita
HONIARA
Guadalcanal
San Cristóbal
PORT MORESBY
TUVALU
Illas Ellice
VAIAKU
Illas Fénix
KIRIBATI
Illas Tokelau (N.Z.)
Penrhyn
Is. Marquesas
Illas Wallis e Futuna (Francia)
SAMOA
APIA
Samoa americana (EE.UU.)
Illas Cook (Nova Zelanda)
Arch. Tuamotu
Is. de la Sociedad
Tahití
Mar del Coral
VANUATU
Espíritu Santo
Illas Vanuatu
PORT-VILA
Vanua Levu
Viti Levu
SUVA
FIJI
TONGA
Illas Ha'apai
NUKU ALOFA
Niue (N.Z.)
Aitutaki
Rarotonga
Nova Caledonia (Francia)
Grande Terre
Illas de la Lealtad
Polinesia Francesa (Francia)
Illas Tubuai
Pitcairn (R.U.)
AUSTRALIA
Brisbane
Sydney
CANBERRA
Melbourne
Perth
Adelaida
Tasmania
Norfolk (AUSTRALIA)
Illas Kermadec (N.Z.)
Mar de Tasmania
NOVA ZELANDIA
Auckland
Illa do Norte
WELLINGTON
Illa do Sur
Illas Chatham (N.Z.)
110° L
120° L
130° L
140° L
150° L
160° L
170° L
180°
170° O
160° O
150° O
140° O
130° O
120° O
110° O
100° L
40° N
30° N
20° N
10° N
10° S
20° S
30° S
40° S